高校体育教学与训练

李富岭　温利叶　孔德志 ◎ 著

吉林出版集团股份有限公司

图书在版编目（CIP）数据

高校体育教学与训练 / 李富岭，温利叶，孔德志著
. — 长春：吉林出版集团股份有限公司，2023.6
ISBN 978-7-5731-3369-4

Ⅰ．①高… Ⅱ．①李… ②温… ③孔… Ⅲ．①体育
教学－教学研究－高等学校 Ⅳ．①G807.4

中国国家版本馆 CIP 数据核字（2023）第 101398 号

高校体育教学与训练

GAOXIAO TIYU JIAOXUE YU XUNLIAN

著　　者	李富岭　温利叶　孔德志
责任编辑	曲珊珊
封面设计	林　吉
开　　本	787mm×1092mm　　1/16
字　　数	233 千
印　　张	11
版　　次	2023 年 6 月第 1 版
印　　次	2023 年 6 月第 1 次印刷
出版发行	吉林出版集团股份有限公司
电　　话	总编办：010-63109269
	发行部：010-63109269
印　　刷	廊坊市广阳区九洲印刷厂

ISBN 978-7-5731-3369-4　　　　　　　　　　　定价：78.00 元

前 言

大学体育的教学自从进行改革以来，在理论和实践两方面都已取得很大成就，但要适应社会不断发展进步的新情况，大学体育就要在认清教学发展现状的基础上，继续深化改革，不断创新，取得更大的发展。在构建社会主义和谐社会的进程中，大学体育对促进学生的身心健康发展有着不可替代的作用。因此，我们必须在传统的教学上进行改革与创新，以科学的态度、创新的意识不断提高大学体育教学改革。

随着时代的发展和社会的进步，对大学体育教学的要求也逐步提高，新时期新背景下，大学体育不仅要锻炼身体、增强体质，更要培养学生的健康意识和参与意识，形成终身锻炼的习惯。把"以人为本，健康第一"的理念融入日常教学中，重视学生健康意识、健身习惯和能力的培养，使学生在体育锻炼中有所收获，并为终身体育打下良好的基础。同时，要把道德教育和体育教育结合起来，注重培养学生团结协作、努力拼搏等精神品质，促进学生身心的健康发展。

教师在教学过程中应加强引导，使学生在自主选择过程中兼顾兴趣和自身素质，选择适合自身发展的体育项目。同时，在日常的体育教学中应适当加入对新兴体育项目相关知识的介绍和讲解，使教学内容更具时代性，更能满足学生的需求。不能采用简单的考试成绩评价制度，要把身心健康发展放在首要位置，建立起科学有效的评价体系。从运动技能、体育知识和兴趣态度等各方面对学生进行综合考量，做出客观的评价，从而使学生在体育学习的同时获得对自身发展的正确评价，调动学生学习积极性。

由于作者水平有限，时间仓促，书中难免有疏漏及不妥之处，恳请广大读者批评指正，以便做进一步的修改和完善。

李富岭　温利叶　孔德志

2022 年 9 月

目　录

第一章 体育教学的基本理论

第一节 体育教学的概念和性质

一、体育教学的概念

（一）教学的概念

为了更好地理解体育教学的概念，首先可以先对教学的概念进行分析。总的来看，对教学的概念的理解可以分为广义和狭义两方面。

从广义的角度来看，教学是一种在某种特定形式下开展的教育活动。在这一活动中，负责传授某种知识或特定技能的教学者对受教者进行教育，以期让受教者获得这种知识或技能的活动。其中的教学者可以是教育者，也可以是某种知识的掌握者，所教授的内容可以是一种知识，也可以是某种技能。

从狭义的角度来看，教学是指单纯的学校教学，它由教师和学生两个教学主体协作完成，是以特定文化为对象的教与学相统一的活动。在教学活动中，教师扮演着组织者和指导者的角色。在新时期，有关教学的基本观念是，教学是教与学的统一，教融入学中，而学有教的组织引导。

通过对教学两方面的概念理解之后，基本可以总结出教学的概念为其是在教育目的的规范下，教师的教与学生的学共同组成的一种教育活动。

（二）体育教学的概念

在分析了教学的概念之后，再将其与体育相结合，就基本能够认定体育教学的概念。由此可见，体育教学与教学有着很多相似的地方，它也是一种有目的、有计划、有组织地对学生传授知识和技能，发展智力和体力，培养品德和形成个性的教育过程。只不过其教学的内容为体育相关知识与技能，当然，教学方法也与其他学科的教学方法有所不同。

体育教学并不是一种随意的、随心而行的教学活动，更不是完全的做游戏和娱乐活动，它需要很多要素的构成才可以正常、合理、科学地开展。一般来说，体育教学主要由以下八个基本因素组成。

1. 学生

学生是体育教学的主体之一，没有学生就不存在体育教学，没有学生就没有组织教学。总之，学生是体育教学中的主体因素，也是最活跃的因素。

2. 教师

教师是体育教学的主体之一，没有教师不可能存在体育教学，没有教师就没有体育教学中的"指导和组织者"。在现代体育教学中，体育教师已经不再是过去那种课程的忠诚执行者角色，而是在完成现有课程教学的基础上还要成为体育课程的建设者和开发者。

3. 教学环境

教学环境是支持体育教学顺利开展的各种软件、硬件条件的综合。良好的教学环境对体育教学起着积极的影响。体育教学中一些运动项目的教学对场地条件和设施有着不低的要求，相比其他学科的教学来说，体育教学对教学环境的要求更高。

4. 教学目标

教学目标是教师开展体育教学的基本依据，体育教学没有了目标就变成了无头苍蝇，难以向前发展。在体育教学实践中具有多层次的体育教学目标，它们是体育教学中的定向和评价因素。

5. 教学内容

教学内容是由内容的实体（课程）和内容的载体（教科书）共同组成的，它们是体育教师根据社会的要求、学科的体系和学生的需要选编出来的。没有教学内容，体育教学就显得空洞化了。

6. 教学过程

教学过程是教学的最中心因素，没有了体育教学过程，体育教学也就没有了时间和程序上的支撑，因此也就无从谈起教学的组织和管理。

7. 教学方法

教学方法与目标、教师、学生等因素有着密切的关系，它是教师根据教学目标和学生的学习情况所选择的有效的教学技术和手段，其中包含为帮助学生理解学习内容的各种信息及其传递方式。

8. 教学评价

教学评价与教学目标、教师之间有着密切的关系，它是教师根据具体的教学目标制定出的各种评价、考核指标，这些指标既包括教师的教学工作，也包括学生的学习情况。

综上所述，便可以总结归纳出体育教学的概念，即是指在学校教育中，由体育教师和学生协同完成的以传授体育知识和体育技能为手段，以增进学生身心健康，提高身体活动能力、自然和社会环境适应能力，培养良好的思想品德，促进个性发展为目标的教育过程。

📖 二、体育教学的性质

在了解了体育教学的概念后，就要对其另一项基本知识进行研究，这就是关于体育教学性质的问题。事物的性质是与其他事物区分的最明显差异。性质不同的两种事物其带来的表象自然有一定的区别。就体育教学来说，正是因为它本身所具有的体育教学性质，才能明显区别于包括数学、语文、英语、艺术等其他学科。

因此，通过归纳可以找到体育教学的诸多特征，如它的教学地点多为户外；教学中师生都要承受一定运动负荷与心理负荷；教学过程是身体活动与思维活动的结合，并且还有比较频繁的人际交往；体育教学侧重于发展学生身体时空感觉以及运动智力；教学更加关注学生自我操作与体验等。

在体育教学活动中，最重要的一个形式就是对运动技能的教学，它是体育育人的主要方式。而对于运动技能的传授也是体育教学与其他学科教学的主要区别之一。仔细来看，运动技能的形成要经历几个步骤才能最终实现，具体包括动作的认知阶段、联系阶段与完善阶段。在认知阶段中，学生与知识、技能之间的联系最为密切，它的主要目的就是学生对所学技能的结构、要素、关系、力量、速度等要素进行表象化的认识。由于运动技术是学生完成动作的方法，因此可以认为运动技术不具有人的特性，而只是作为一种"知识"，或称为"操作性知识"。

综上所述可以断定，体育教学的本质应该是一种针对运动技术和知识的教学。当学生学会了运动知识并将之转化为运动技能后，体育教学的本质就达成了。当然，体育教学活动地点大多在户外的条件也是区别于体育教学与其他教学的特征之一，但现代体育教学场所通常在室内的场馆也非常多见，如果坚持把"户外"作为条件之一，未免有些不严谨和片面。

第二节　体育教学的特点和功能

📖 一、体育教学的特点

首先，体育教学与其他学科教学有许多相似的特点，它们的共性在于都属于教师与学生的双边活动，这是所有教学活动的共性，教师与学生在教学活动中发生的各种形式的交流都非常频繁，如语言上的交流和肢体动作的交流等。过往这种交流更多的是从教师向学生的方向，现代教学同样也注重使这种交流从学生向教师的方向，不过教学仍旧依靠教师对学生在某种知识和技能方面的传授。其次，以班级为单位开展教学活动也是共性，只不过有些时候这个班级的组成方式会根据不同需要有不同的编排，如可以根据基础的自然班，或是根据学生的不同兴趣组成的体育教学班等。最后，体育教学与其他学科教学的目的都是一样的，即都是为了传授某种知识或技能。

参加体育活动对于学生身心发展具有很好的作用，特别是对正处在身体发育旺盛期的青少年及儿童来说有更加重要的意义。在结合体育教学的性质后，可以把体育教学独有的特点归纳为以下几点：

（一）教学过程的直观性

体育教学过程拥有直观性特点。这种直观性有多种体现，如体育教师对体育教学内容的教授除了要达到与其他学科教师讲解要求一致外，还要求体育教师的语言更加生动，并且还要富有特定的肢体表现能力，以使学生有形象、贴切、有趣的感觉。在某些拥有较难技术动作的体育运动教学中，教师一方面要把传授的重点进行艺术性的描述，另一方面还要用生动的语言、巧妙解释方法把复杂的技术动作简单化，提升学生对学习成功的自信心，加深学生对教学内容的感知。

实际上，体育教学过程中的每一项内容都具有直观性特点。除刚才说到的课堂讲解，在实践演示中也是如此。在教师运用示范法时，需要运用非常直观形象的动作示范，其中包括正确动作的演示和错误动作的演示，这些演示都是非常直观地展现在学生眼前，并没有一丝做作。这样才会使学生从感官上直接感知动作的正确与错误，以利于他们建立正确的、清晰的运动表象。当学生获得正确表象后，才能使之与思维结合起来，从而达到掌握体育知识、技术和技能的目的，同时，还发展了自身的观察能力和形象思维能力。

从体育教学组织与管理过程方面，也能够看到直观性的特点。鉴于教学过程的直观性，教师的行为也应该带有直观性，如要更加富有责任心、为人师表、德高望重，这对学生的身心也是一种无形的教育。另外，直观性特点使得学生在课堂的表现都是最真实的、最直接的，任何伪装在体育教学活动中都是毫无意义的。因此，学生在教学中表现出来的言行都是他们最为真实的一面，而这就非常有利于体育教师对学生的观察与帮助，有利于教师获得正确的教学反馈。

（二）体育知识的传承性

体育是以身体锻炼为主要形式的教育活动。如果从教与学的角度来说，可以将体育知识形容成一种"身体的知识"。这种知识伴随着人类的发展而发展，在不同时期都有它的发展形式，如在原始社会，身体的知识就是人类通过走、跑、跳、投、打等动作捕获猎物或逃避猛兽的追捕等行为。而在现代社会中，体育知识的传承内容变成了某项体育运动或体育技能，如足球、篮球、排球、乒乓球、游泳、田径和武术等专项运动技能。

现代教育越发注重教学过程中学生的主体性作用和"以人为本"的教育理念。人们对这种理念的追求使得人类自我知识的归纳不仅代表了体育教学的特殊性，还给予了体育教学知识传承的特殊意义。从这个层面来看，这种体育教学所传承下来的体育知识已经超越了简单的模仿行为，而将更多的相关文化也融入其中。这些体育文化才是体育运动、体育教学等获得长久传承的动力和灵魂。

（三）身体活动的常态性

体育教学与其他学科教学的最大不同就在于在体育教学过程中充满了对身体活动的要求。在体育教学中，几乎所有内容都涉及身体活动，或者是为即将到来的身体活动做准备的活动，就是对作为"身体知识"的体育教学的最好诠释。在体育教学过程中，不仅是学生要进行具有一定运动负荷的运动，教师在做示范、做指导和参与到组队教学赛中也需要付出不少体力。所以，体育教学身体活动常态性的特点不只针对学生，它包括所有体育教学主体。

由此可见，在体育课堂教学过程中，教师与学生的身体操练非常频繁，这种几乎常态化的特点成为体育教学非常显著的特点。与之相比，其他学科的教学必须要在教室（实验室、多功能厅）进行，且要保持相对的安静，这样才能激发学生的思维并产生很好的学习效果。而体育教学却刚好与之相反，其教学的地点多为户外或专用运动场馆，普遍较为宽阔，而且在大多数时间的运动技术练习环节并不需要刻意保持安静，学生之间、学生与教师之间都可以随时进行相关的交流和沟通，如此才更有利于对运动技术的学习。

（四）身体与心理统一性

在许多人的概念中，身体与心理是两种不同的事物，彼此间并没有很多的交集。实则不然，现代科学研究发现，身体健康有助于改善心理健康，而心理健康与否也可以影响身体健康。另外有一种观点认为开朗的人热爱体育运动，而事实上则是因为人参加了体育运动，才开始变得开朗、阳光的。这就是典型的运动改变心理的事例。因此，在体育教学活动中就充满了身体与心理统一的特点。

体育教学在于对人身体的改造，与此同时它还强化人的心理与多种适应能力的发展。而在其他学科的教学中便无法达到这样的效果，这主要在于体育教学营造了不同种类的教学情境，这种情境表现出了十足的阳光、生动、积极、外露以及直观的感觉。一系列积极的情境使得参与其中的人在潜移默化中受到感染，以此为学生的心理与社会适应能力的健康发展提供了良好的环境。

由此可以说，在体育教学中，人的身心发展看似是多元的，但实际上在过程中是一种一元化的锻炼，即达到身体与心理的共同拓展和发展，表现出十足的统一性。身体发展是基础，心理发展依赖于身体的发展而存在，心理的发展同时促进身体的发展。具体来看，在体育教学中人的身体与心理的统一性主要体现在以下两方面。

1.体育教学的教材内容选择要注重身体与心理统一

体育教学内容是体育教学活动的依据。教学内容的好坏将直接影响教学效果。因此，为了体现出体育教学身心统一的特点，首先就要从教材选择环节开始，也就是说，选择的教学内容要对学生身体各部分、各种运动能力和各种身体素质有积极影响，而且要注重教材对学生心理及其社会适应力的影响，所选教材的编排要符合该年龄段学生的心理特点，除此之外，还要满足其美学、社会学等其他方面的要求。

2.体育教师选择的教学方法要注重身心统一

由于与其他学科教学相比增加了更多的内容，因此，相应地，体育教学的方法也就更加丰富。选择体育教学方法主要是由体育教师进行的，为了使体育教学保有身心统一的特点，体育教学方法的选择就要关注到这方面的内容。通常为了体现这一特点，体育教师选择的教学方法都要遵循与学生年龄段相适应的身心变化规律，使学生在经常进行的体育教学活动中学习到正确的体育技术和技能，学生掌握这些技能的成长曲线并不是一路上涨的，而是有忽高忽低、忽快忽慢的过程和起伏。另外，体育教学方法的选择还应符合学生的心理特点和年龄特点。与对体育技能学习的规律相似的是，学生在接受教学的同时，其心理活动也呈现出波浪式起伏的曲线现象。这种生理、心理负荷波浪式的曲线变化规律，体现了体育教学鲜明的节奏性和身心的和谐、统一性。因此，要想选择正确的、适合学生身心发展的体育教学方法，体育教师就必须根据学生的这些诸多身心特点安排，如此才能在促进学生身体发展的同时，有效激发学生的积极性和兴趣爱好，更有效地发挥体育教学的功能。而根据不同阶段学生的身心特点选择恰当的教学方法也是评判一位体育教师综合水平的重要依据之一。

（五）教学内涵的优美性

体育教学内容是非常丰富的，它会涉及多种与体育相关的内容，不仅仅限于球类运动、游泳、田径，还包括如体育舞蹈等内容。通过对这些内容的学习，学生可以普遍从中体会到源自体育的丰富情感，这种情感几乎都从"美"中而来。

体育教学内容丰富的情感性首先体现在体育教学过程中，师生可以体会到只有体育才能赋予人的人体美和运动美。学生通过接受体育教学，掌握体育健身的方法和技能，以此达到运动塑身的效果，使身体外在形态保持优美的线条和良好的身材比例。同时，在运动中，也可以看到人体不同的动作展现出的动作美和肌肉的动态美，这种美只有在运动中才能看到，是极为外显的美。在内在精神方面，体育教学也蕴含着"美"的元素，如学生为了争取比赛的胜利而表现出的不畏强敌、奋勇争先的精神；在关键时刻始终保持冷静的心态，或是在运动过程中表现出谦虚、文明和有道德的风度等。

既然有美的存在，那么就要有欣赏美的人和能够欣赏美、懂得如何欣赏美的能力。每一项运动都向人们表现出了不同的美的特点和审美特征，如球类运动可以表现个人对球类技术的掌握能力，集体球类项目中除了个人能力外，还包含了与队友之间的协作和互助精神。这些内容都是人类积累下来的体育知识与技能，体育教师通过科学的概括和提炼，将其精髓传授给学生，意在使学生也能感受到体育中蕴含的美，并学着去享受它、感悟它。体育之美首先给人的最大作用就是陶冶情操，平衡人们的心理状态。其次，体育教学是一种创造性的社会活动，其创造的成果就是让学生获得内在的顿悟和精神上的启迪。同时，体育教学中教师和学生之间有一条无形的通道联系着，构成了教与学的系统。教师在传授知识的过程中，伴随着师生间丰富而真诚的情感交流。

（六）客观条件的制约性

正是因为体育教学涉及的内容较多，再加上与之相关的构成要素也同样较多的缘故，也就使得体育教学会受到更多客观条件的制约，而这也是体育教学不同于其他学科教学的一大特点。具体来说，体育教学活动受到的制约主要有体育教学场地条件、器材、气候、学生运动基础、学生其他基本情况（年龄、性别、生理和心理特点）等。这些因素都会影响体育教学质量的高低。

学生是体育教学的主体之一，是体育知识与技能传授的受众。从这个角度来看，学生的诸多情况会对教学本身造成一些影响，因此体育教学要想进行得顺利，获得良好的教学效果，就要注重在学生的运动基础方面以及体质强弱等实际情况方面进行区别对待。这些差异具体如男生与女生不同的身体形态、机能水平、运动能力等，根据这些差异，学校体育教育部门和体育教师在进行教学设计、教材选择和教学组织等方面的制定时就要充分考虑周全，否则不仅不能达到预期的教学效果，还可能会增加体育教学的风险。

体育教学环境是体育教学的场所。作为重要的教学载体，体育教学环境质量的高低对体育教学效果的好坏会产生较大影响。通过几个事例就可以很好地说明这个问题，如经常在室外开展的体育教学，如果面对的是严重的空气污染，或邻近马路带来的噪声污染则势必会影响体育教学主体在教学活动中的状态与情绪；天气对于室外体育教学的影响也是不能忽视的，这点在早年间越发明显，如遇到雨、雪、大风等恶劣天气时，体育教学被迫停止，转而来到室内进行一些体育理论课的教学，如此势必影响体育实践课的教学计划顺利展开。

综上所述，在诸多客观条件的制约下，为摆脱不利条件的影响，体育教师就要从学年的体育教学计划到具体课时计划，从教材内容选择到教学组织方法实施都必须考虑到这些客观实际与影响因素，尽量将制约因素的影响程度降至最低，提高体育教学的质量与效果。

二、体育教学的功能

（一）促进身体发展的功能

学生亲身参与体育运动实践在体育教学活动中是必不可少的。而既然参与运动实践，就必然会使身体承受一定量的运动负荷。为保证学生身体的健康，运动负荷强度需要由体育教师酌情掌控。

合理的运动负荷对发展学生身体素质有极大的帮助，它对学生的机体或多或少会产生一定的刺激与影响，其影响的程度要视运动项目的内容、学生身体素质、持续运动的时间、运动间隙时间、营养补充等状态而定。而不同运动项目对身体的锻炼重点也有很多区别，如足球运动对人体的耐力、爆发力、速度和灵敏度有着较高要求；游泳对人体心肺功能和协调能力有较高要求等。由此认定体育教学具有促进身体素质发展的功能是毋庸置疑的。但同时也要注意的是，如果运动负荷过大，那么体育运动不仅对身体健康没有好处，反而会伤害学生的身体。为了把握合理的运动负荷，就需要体育教师在制订教学计划前就要对学生的普遍体质与运动基础有一个基本清晰的认识。因此，从体育教学影响身体功能的角度而言，要有效发挥体育教学健身功效，必须遵循体育教学的规律，运用科学的教法与组织形式，才能达到预期的效果。

（二）促进心理健康的功能

世界卫生组织确定的现代健康新标准中明确认定了心理健康也是评定人体健康的指标之一，我国自古也有"身心合一"的理论。经过长期的实践发现，体育教学在对学生身体产生积极影响的同时也会对学生的心理与思想产生影响，这方面的影响与其他学科既有共性，也有差异性。体育教学促进心理健康的功能主要是通过教师传授来实现的，因为教师的一言一行无时无刻不影响着学生的思想，因此，教师必须身体力行、为人师表，为学生做出表率与榜样。这些行为都是在潜移默化中进行的，而不是安排几堂心理辅导课就可以完成的。教学更为重要的作用是传授各种人类社会的道德、规范与理念，这是学生走向社会之前的必学内容。

具体来说，体育教学对学生心理的影响主要包括个人心理与团体心理两方面：

从个人心理方面看，体育活动一方面可以缓解学生的学习压力；另一方面，参与体育运动就要频繁地面对成功与失败，其中失败和挫折的次数远远多于成功。由此可以培养学生在逆境中正确处理心态的能力，作为胜利者也要做到戒骄戒躁，只有具备这样的素质，才能再接再厉，取得成功。

从团体心理方面看，学生作为体育运动团队中的一员，需要处理好个人利益与集体利益的关系，应抱有克服一己私欲、顾全大局的思维行事。

（三）提升社会适应的功能

现代社会的发展速度非常迅速，这使得人们稍有停留便会被潮流所抛弃。对于青年来说，紧跟社会潮流，并且在跨入社会后能够与之较好地融合、适应是非常关键的。这是体现人的软实力的标准之一。在体育教学中，学生之间的交往具有特殊性、外显性与频繁性，学生在多样的体育活动中会产生多种身体之间的交流，交流的同时也传播着各种体育竞赛的规则，竞赛规则就好似社会规则，需要人人自觉遵守。由此可以说，体育教学环境就像是一个微缩化的社会，这个社会赋予了学生之间需要遵循的各种规则与准则。若不遵循，必然受到惩罚；若表现突出，则得到表扬称赞。执行这个法则的人就是教师。因此，教师必须公正，才能对学生产生良好的影响，培养学生良好的体育道德规范，进而培养学生适应未来社会的各种道德规范与做人理念。

（四）传授运动技术的功能

在远古时期，运动技能就等同于生存技能。那时的人类通过走、跑、跳、投、打等行为捕猎和采摘，以获得生存的能量。而现代社会早已物质丰盛，对于人体的要求就不再像过去那样严格。现代运动技术也演变为丰富的体育运动技术，如球类、武术、田径和游泳等。科学研究表明，适当参加体育运动对人的身心素质提升均有较大帮助。最终，体育教学就成为传授这些运动技术的最好方式。

从具体的实践角度来分析，学生们每周都要参加的体育课堂就是体育教学的最小单位，体育课堂的基本活动过程就是体育教师以体育教学内容为依据对学生传授体育知识与相关技能的双向信息传送活动。因此，运动技术就成为体育教学的主要内容也是重要内容。运动技术不同于其他学科的学习，它不仅需要学生对运动理论有深刻的了解，还要身体力行地亲身参与技术练习，在无数次的重复中逐渐在脑中和身体上建立起对技术的表象反应，最终到熟悉动作以及可以在下意识的情况下做出正确的动作。因此，对于运动技能的训练，没有实践就无法学会。

对于运动技术的传授，体育教师是关键。作为运动技术的掌握者和传播者，教师在体育课中传习的是各项具体运动技术，如足球运动中的传球技术，甚至可以细分到内脚背传球技术。其他运动项目的技术传授也可以依此类推。体育教师对运动技术的传授通常都会从简单的、入门的、基础的入手，在此之后逐渐积累，循序渐进，只有从小的运动技术学起，才能积少成多，掌握整个运动项目的技术。

（五）传承体育文化的功能

体育教学并不仅是简单地对于体育运动技能和相关知识的传授活动，这些只是表面上的行为，而体育教学真正的目的在于教会学生正确的体育运动方法使其能在未来的生活中对其身心产生持续的良好的影响，更在于一种体育文化的传承。

从体育教学的系统结构视角出发，体育教学是由每周二至三次的体育课组合而成的一种贯穿全年的教学计划。其中根据教学周期的不同可以分为课程教学、周教学、学期教学和学年教学。比学年教学周期更长的就是小学体育教学、初中体育教学、高中体育教学和体育教学。

从单——堂体育教学课的视角出发，可以把体育课中传习的各种小的运动技术累加起来，学生学到的是某个运动项目的完整技术，继续累加，就学到了各种运动技能。

综合两种视角，使得学生通过不同阶段的体育教学，学习到较为完整的运动知识、运动文化，掌握各种运动技能，从而实现体育教学传承体育文化的功能。

第三节　体育教学的原则和规律

📖 一、体育教学的原则

原则，即人们说话办事依据的准则和标准。教学原则，则是根据各种不同的教学因素，把同类性质的因素加以科学的抽象和概括而形成原则（直观性原则、自觉性原则和教育性原则等）。体育教学原则，是体育教学过程客观规律的反映，是在长期的体育教学实践中积累起来的，具有普遍意义的经验的总结和概括，是体育教师进行教学工作必须遵循的准则。体育教学原则与其他的原则不同。同样，体育教学与其他的教学也不等同。二者最根本的不同在于体育教学突出认识和实践。从而得出，认识和实践的有机统一是体育教学区别于其他教学过程的根本特征。然而最终的目的是，希望教师合理地运用体育教学原则，从而促进学生的身心健康全面发展。

（一）中国的体育教学原则

体育教学原则在各个不同时期均有不同的发展，不同的国家，体育教学原则略有不同，然而，大体上又一致认同。经查阅文献得知从 1981 年体育院、系教材编审委员会编写的《体育理论》教材中，提出了七项教学原则。中国的体育教学原则一般有：自觉积极性原则、直观性原则、从实际出发原则、循序渐进原则、全体全面发展原则、合理的运动负荷原则、巩固提高原则。但是，随着社会的不断发展，教育学、心理学、社会学、教学论、方法论及体育科学的发展，人们对体育教学原则的认识不断加深，体育教学原则体系的研究形成多种不同的思想观念。体育教学原则不是仅仅局限在以上其中原则上，但是也并不是不赞同中国的体育教学原则。现在对我国在体育教学原则体系的基础上进行逐步完善，对教学实践过程的指导也越来越科学。蒋新国在《我国体育教学原则的历史演变》的论文中阐述了体育教学原则各个不同时期的完善和发展。指出了体育教学原则不再仅仅是重视体育教学的学科性、健身性和思想性，而是开始关心学生身心健康的全面发展和人文精神的培养。然而，这也是受当时学校体育指导思想和对体育教学规律认识影响的必然结果。

（二）体育教学原则的运用

体育教学原则保证体育教学的顺利进行，所有的教学原则相辅相成。

1. 直观性原则

对于直观性教学，要求教师给予学生一个正确的直观概念。教师应抓住重点，生动形象、语言简短明了地进行讲解，可以让学生反复地进行一个动作的练习，使学生的感觉器官建立暂时的神经联系，形成正确的动作定型。比如在练习太极的过程中，太极"抱球"的手势，将这一动作传授给学生，使手掌的五指分开假设双手之间抱着一个球，我们可以运用到这一原则。如小学生模仿力较强，这一原则是对其教学最为有效的原则之一。

2. 巩固性教学原则

这一原则有助于学生动作的熟练和形成更加标准的动作。目的就是能多加练习，形成一种肌肉记忆，再到熟能生巧。比如，在篮球运动项目中，学习篮球运球、急停、转身、传接球时，为了巩固转身这个动作，可以把急停、转身、传球贯穿进去。三天不练手生，如在网球教学中，长时间不练网球发球，随之抛球的稳定性、发球的成功率均会下降，此时就需要多加练习进行巩固，这一原则尤其对刚接触项目的学生而言，多进行巩固练习，从而形成正确的技术动作。

3. 合理的运动负荷原则

这一原则要求教师在上课期间根据教材的特点、教学条件、考虑学生的实际情况，合理地安排教学内容，使学生不仅能更好地掌握技能，还能促进其身体的健康发展。教师合理地安排运动量和运动强度。通俗来讲，这里的运动量与运动强度并不是同一概念，运动量指的是次数、组数、重量、时间等，而运动强度指的是完成练习所用的力量的大小，比如负重的重量、跳的高度、跑的距离等，合理地安排运动量与运动强度，量大则运动强度小，运动强度太大，则相应减少运动量。保证在学生承受最大疲劳限度的情况下根据实际情况来合理安排。

4. 循序渐进原则

循序渐进原则，从字面就表现出由简到难、由一般到复杂的过程。逐步进行，不断提高。比方网球的正手击球，首先要从握拍开始，到准备姿势，到引拍上步，再到挥拍，再到准备姿势这样一个完整的过程，练习者开始可以做无球的动作练习，再做有球的原地击球动作练习，最后再做有球移动的动作练习，这样逐一练习，逐步进步。

5.启发式教学原则

采用启发式教学可提高学生学习的积极性，调动学生的积极思维，加深学生理解和认识、牢记动作、少出现反复。启发学生主动去思考、去领悟。比如在排球发球的教学中，通过生活当中甩鞭子的一个动作，启发学生做发球动作时一次用力的发力顺序，或将其用于标枪等投掷项目当中，使学生能够举一反三，培养学生自学的能力。运用启发性原则，开发学生智能，调动学生学习的积极性，科学地进行训练，取得事半功倍的效果。

此外，教学原则还有因材施教原则、超负荷原则、恢复原则等，无论哪一种体育教学原则，目的都是从学生的根本利益出发，提高学生的身体素质，促进学生的健康发展。

体育教学原则体系将随着社会的不断发展，教育学、心理学等相关学科的发展也随之不断发展。近年来，随着新课改不断深入开展，一套套新的体育教育原则不断应运而生。目前，我国有关新课程与体育教学原则创新的研究还有限，基础教育体育（与健康）课程的改革与发展滞后，我们应取其精华，去其糟粕，把体育教学原则通俗地贯穿到教学中去，使学生容易接受、理解，达到自觉练习的目的，开发学生智能，提高学生的体能素质，促进学生身心健康全面发展。

📖 二、体育教学规律

体育活动，就是通过各种体育运动小组的活动和比赛，以及参加群体性的体育活动，使受教育者的身体得到多方面的锻炼，增强运动的技能和技巧，提高体育锻炼的兴趣。在我校的体育课教学中，我们着力探索体育教学规律，努力丰富体育课程内涵，体育教育教学取得了一定成效。

（一）探索规律组织体育教学

如何组织好小学体育课的教学工作，更好地为教学服务，是体育教学中的关键问题。

首先，教师要把握体育课自身特点，即通过身体的各种练习，使体力活动与思维活动紧密结合，掌握体育知识、技能和技巧。要遵循体育教学过程的规律，根据教学内容和学生情绪的不同，灵活组织教学。

其次，遵循体育教材特点，组织教学活动。小学体育包括田径、球类、技巧、武术、体操等多种教材，不同的教材有其不同的特性。因此，教师在教学中要善于把握教材特点，挖掘教材潜力，改革传统教学形式，充分调动学生学习主动性和创造性，提高教学效果。

最后，体育教学不仅要遵循体育规律，还要遵循儿童身心发展规律。要根据儿童的生理和心理特点，如有意注意时间短，兴奋过程和无意注意占优势，好奇、好动、好模仿、好竞争等现象来组织教学。

（二）丰富内容推进素质教育

体育教育是素质教育的有机组成部分，体育教育之目的就是通过初步学习和掌握体育的基本知识、基本技术和基本技能，完成锻炼身体、提高思想道德水平的任务，从而有效促进素质教育。

从体育活动的性质上来说，有利于发展学生的特长和才能。学生在活动中自己教育自己，有利于学生自觉地去接受教育，养成良好的纪律和高尚的思想品德。

从体育活动的组织上来说，形式多样，不拘一格，有利于学生的身心发展，有利于培养学生的观察力、思维力、想象力、创造力，有利于提高体育活动质量，提高学生素质。

从体育活动的目标培养上来说，要培养学生"三种意识""四种能力"。所谓"三种意识"就是培养学生的参与意识、实践意识和竞争意识。"四种能力"就是观察力、注意力、记忆力、想象力。

（三）体育课渗透爱国主义教育

一是通过体育教学活动培养学生的集体意识，增强爱国热情。由于体育教学的特殊性和组织方式的多变性，容易导致集体与集体、个人与集体的频繁接触，学生对集体间的竞争和对抗，胜与负比较敏感，情感流露比较真实。根据这个特点，我们积极帮助和引导学生树立正确的集体观念，正确对待个人与集体、集体与集体之间的关系，培养团结协作、互相配合的集体主义精神。

二是联系相关事物，引申教育内容。针对小学体育教材思想性不明显的情况，我们通过引申教学内容，来加强爱国主义教育。如在"快速跑"这一教学内容中，我们融入了"时间"概念。教师通过开动手中的秒表，把分分秒秒报给学生听，让学生体会时间和空间印象，然后将时间所包含的经济、文化等价值和学生分享，即通过珍惜时间，给国家创造财富，培养学生的时间观念。以此来培养学生兴趣，丰富学生知识，激发学生的爱国热情。

（四）体育教学风格形成的基本规律

所谓教学风格，是指教师根据各自的优势、特长，结合教学的具体情况，经常采用的一整套个性化的独特教法，以追求最佳的教学效果为目标。在体育教学中，形成独特的个体特征教学风格，是体育教师进入高层次教学境界的重要标志。它对学生学习态度的形成、个性特征的培养、学习氛围的创建、合作精神的养成等都有积极的作用。教学风格是体育教师在创造性劳动中逐步建立起来的"独特教学模式"，在建立的过程中既能体现出教师的教学思想、教学意识、教学技巧等内在的东西，又能表现出教学的教学行为、教学形式、教学效果等外部的特征。本节对体育教学风格形成的规律进行研究，旨在为提高教学效果提供参考。

1.体育教学风格的基本特点

（1）突出个体性

体育教师的个性心理特征对教学风格有直接影响。如偏于多血质气质类型的教师，情感丰富，教态亲切，善于启发诱导学生，教学中反应敏锐，方法多样，因此，可以称谓"民主型"教学风格；北京王仲生老师的"以情导致，心动身随"具有这个特点。偏于胆汁质气质类型的教师，情感浓烈，作风果断，教学中兴奋性高，富有激情，动作幅度大，感染力强，因此，可以称谓"激情型"教学风格；但当学生练习出现问题时，教师容易表现出急躁发火现象。而黏液质气质类型的教师，一般性情清高，教态稳健，教学中往往含蓄深沉，简洁明了，因此，可以称谓"沉稳型"教学风格。但有时也会降低学生的学习兴趣。作为教师应有意识地发挥自己教学风格上的优势，克服不利因素，从而使个性心理特征与教学风格形成最佳的结合。

（2）追求稳定性

体育教师的教学风格一旦形成，将有相对稳定的特征。这是由教师的个性心理特征、知识结构、文化素养、工作环境、社会赋予的要求等所决定的。知识结构、文化素养的不同，会直接影响到教师的思维模式、教学理念和治学特征，因而最终会孕育不同的教学风格。教师教学风格的形成应有一个较为宽松的社会环境、有一个良好的研究氛围、有一个灵活的教学空间，只有这样才有助于教师开创性的工作，形成其各自特有的教学风格，克服"高度统一""千人一面"的现象。专家们对王仲生、蔡福全老师教学特色的概括，是二位老师几十年的教学经验积累，具有相对的稳定性。稳定的教学风格有助于教师在相对的工作状态下进行教学，有助于学生在一定时期内逐步适应教师的教学风格，较好地理解教学目标，取得最佳教学效果。

（3）实现创造性

体育教师教学风格的形成，是一个长期实现创造性工作的过程。大量实践经验证明，教师教学风格的形成是有规律可循的，即未有风格、形成风格、打破风格、形成新风格。这种良性循环需要教师创造性地开展研究工作。当然，创造性的研究工作是随着教师教学经验的积累、知识水平的提高、职业要求的深化、学生需求的变化等情况而进行的，往往是自觉与不自觉相结合的。如小学阶段的教学，以养护为主，参与意识和锻炼并重，注重培养兴趣，教学中较偏重引导、游戏形式的教学，因而易创造出"启蒙、生动、亲切"的教学风格。而初中阶段的教学，让学生在多种多样的运动条件下能够有意识地去活动，充分体验体育的乐趣。高中阶段的教学，偏重于教会学生运用体育手段和方法，进行独立锻炼，进一步培养锻炼习惯。因而易创造出"严谨、规范、民主、生动"的教学风格。

2. 体育教学风格形成的过程

（1）模仿阶段

初为人师，有几个角色需要转换。即由学生向教师的转换、由过去的"学"向现在的"教"的转换、由被动地被人管理向主动地管理别人的转换、由随意的行为向规范的行为转换等。作为青年教师从主观上都有搞好教学工作的良好愿望，但往往又苦于角色转换较慢、教学经验不足，而无法达到预期的教学目标。那么，最直接、最有效的办法就是模仿，模仿老教师的教学风格。一般模仿是从局部开始，逐渐向全局扩散的，或先是形式的，后是内容的。如当一组好的教法和组织形式被青年教师模仿使用取得明显效果的时候，有心人就会进行一定的反思，分析这种事半功倍所产生的原因；如果套用相同的方法和形式教授不同的内容，也不会产生好的效果，此时一定要分析造成牵强附会的原因。

（2）选择阶段

青年体育教师在模仿老教师教学风格的基础上，已对不同的教学风格类型有了大致的了解，开始对自己感兴趣的教学风格进行选择。一般来说，青年教师首先选择的是与自己专业或专项相关的教学风格。这样更利于发挥专业特长，反映自我风格特点，体现了"一专"的要求，在以往的毕业生中专业体育院校表现得较为突出。其次是选择与自己专项有一定联系的教学风格，因为学校体育教学的内容很多，只靠专项教学是不够的。按照教学大纲要求，每位体育教师必须对所教授的内容有透彻的理解和掌握。所以要在专项的基础上扩充其他内容，同时必然涉及不同类型的教学风格。随着看课、观摩、分析课、研究课的增多，以及接触不同年龄体育教师的增加，选择的范围也在加宽，以体现"多能"的要求，在以往的毕业生中师范院校体育系表现得较为突出。

（3）定向阶段

当体育教师对众多教学风格特点有了较为清晰的认识后，还必须找准自己的定位，如何扬长避短地开展教学，逐步形成独特风格是十分重要的。一般来讲，可以根据自己的知识结构、文化素养确立教学风格。如知识面较宽的教师，教学讲解中能够旁征博引、挥洒自如，其教学风格必然呈现"洒脱流畅、生动活泼"的特点；而知识结构以专深见长的教师，教学中能层层递进，分析问题如抽丝剥茧，其教学风格也更为"深沉隽永"。也可根据自己的气质类型确立教学风格，气质是个人心理活动的动力特征，这种动力特征主要表现在心理过程的强度、速度、稳定性、灵活性及指向性上，气质对教学风格的确立和形成具有深刻的影响。另外，还可以根据治学领域的特点确立教学风格，治学领域的"土壤"不同，必将培养出各异的"风格之树"。

（4）创新阶段

体育教师教学风格的形成，实质是一个不断创新的过程。教师的教学风格一经确立，便以一个相对稳定的状态表现出来，但不是一成不变的。教学实践证明，教师教学风格的变化是一种螺旋式的上升。这与教育内涵的扩展、教学内容的更新、学生需求的变化、教师教育理念的提升有密切的关系。其中教师教育理念的提升是最为重要的，只有观念的更新、意识的超前，才可能带来行动的创新。一种教学风格的形成，蕴含着教师的创新意识、创新思维、创新能力、创新活动等。近年来，全国十城市（区）第十届中小学体育教学观摩大会上所展示的优秀课，集中反映了我国中小学体育教学改革的最新成果，代表了广大体育教师的创新活动。

综上所述，体育教学风格是体育教师在创造性劳动中逐步建立起来的"独特教学模式"，在建立的过程中既能体现出教师的教学思想、教学意识、教学技巧等内在的东西，又能表现出教学的教学行为、教学形式、教学效果等外部的特征。体育教师教学风格形成于长期的教学实践，发轫于艰苦的探索，是教学一般规律与个人教学实践相融合的产物，是教学内容与教师灵感的交融升华，是教师个人创造性思维的结晶。教育管理者应善于发现和树立有"独特教学模式"的体育教师，创造性开展工作。

（五）注意规律在体育教学中的运用

在教学中我们常常会遇到学生注意力不集中的情况，它是困扰教学效果的主要因素，学生是否集中注意力听课，和教师的讲课有很大关系，优秀的教师一定是课堂上的焦点，他的一言一行能吸引所有学生的注意，使学生在课堂上的心理活动集中指向他。注意是教师与学生之间教与学的一个关键的心理活动，有一个磨合过程，这个过程直接影响着师与生、教与学的默契，也影响着教学质量。学生良好的注意品质是教师在长期的教学训练中培养和发展起来的，利用注意的心理规律上好体育课，传授体育基本知识、基本技术和基本技能是我们教师探索和研究的方向。

1. 运用无意注意的规律组织教学

（1）合理利用刺激物的特点来组织教学

根据条件反射的强度规律，刺激物在一定限度内的强度越大，越能引起人的注意，课堂上影响学生注意力分散的诱因有很多，一切刺激物都会干扰注意力，我们要正确区分刺激物的良莠，新的教材、讲解的趣味、示范的优美、器材的新鲜感等都会激起学生的良性注意，尽量消除不良刺激物对教学的影响。

（2）采用不同的教学方法，吸引学生的注意

体育教学不同的教法可以转移学生的兴趣，变换教法能使学生从一个兴趣点转移到另一个兴趣点，持续不断激发学生的兴趣，是吸引学生注意的前提。因此教师在体育教学中充分利用这些条件，启发学生思考，分析动作之间的内在联系，集中学生的注意，便于领会动作要领，掌握运动技能。组织学生身体练习时，还要注意变换方式，可采用竞赛、游戏的形式启发学生学习体育知识技能，调动学生积极性，会获得较好的效果。

（3）利用语言的形象描述，吸引学生的注意

语言交流是体育教师进行教学和组织学生注意的重要工具，教师讲解时，声音的大小、语速及声调的变化都可以唤起学生的注意，直接影响教学效果，教师的语言要言简意赅、生动形象，具有启发性，符合学生接受的能力，语言的鼓励与安抚能很好地帮助学生克服困难和心理障碍，能集中注意，提高学习积极性。

2. 运用有意注意的规律组织教学

课堂上学生有意注意时间的长短，决定课的成功与否，有意注意也称主动注意，它是有目的、有意识的、直接的、自觉的心理活动，只有提高学生的有

意注意的能力，才能提高学习锻炼的质量，在组织教学过程中，要求我们教师不但要想着上好课，还要培养学生有意注意的能力。组织教学，集中学生注意力，提高教学效果。

（1）明确体育课学习的目的，提升有意注意的能力

学生对于为什么要上体育课，为什么要进行运动训练的原因往往不甚清晰，因此，教师对学生要经常进行引导教育，使学生明白终身体育有益身体健康，激发学生自觉积极地学好体育，锻炼身体。明确学习目的的教育还必须渗透到日常教学训练中，要求教师在教学的开始阶段就树立学生终身体育有益健康的思想，使之养成稳固的健身习惯，并自觉为之。

（2）根据学生的兴趣特点，有的放矢

兴趣是集中注意的重要心理因素，我们教师在教学过程中必须了解学生兴趣发展的各年龄段的兴趣特征，有经验的教师既会重视学生的直接兴趣，又会重视学生的间接兴趣，根据学生不同年龄段心理特点，在教学中引导学生思索。如利用体能对抗的游戏方式，提高学生锻炼的积极性，还可以编一些通俗易懂、简单易学的口诀，来提高学习的兴趣，对理解能力强的高年级学生可采用视频、幻灯片教学，使抽象概念直观形象化，并用剖视、慢动作分解演示等教法，分析理解复杂动作过程的结构，培养学生的兴趣，吸引学生的注意力，提高教学效果。

（3）提升学生自我监督的能力，培养良好的行为习惯

良好的自觉行为是集中注意的重要条件，学生自觉行为的形成要经过长期培养，因此，教师在教学过程中，对学生要进行常规教育，如按时作息、遵守校规和比赛规则、上课注意听讲、认真完成作业等，养成良好自觉行为，有助于培养学生不受时间、地点、条件的影响，养成注意的好习惯，提升有意注意的能力，适应自觉学习锻炼身体的价值。

3.善于运用两种注意相互转化的规律组织教学

一般来讲，课堂上学生的无意注意时间短频次高，有意注意时间长、频次低，对刺激物的直接兴趣可以引起无意注意，而对刺激物的间接兴趣可以引起有意注意，两种注意在同一活动中又是相互联系和转化的。只注重无意注意，学生虽然有兴趣，但无坚强的意志和克服困难的能力，也不能完成既定的体育教学任务。注意是有实时性的，短时间内，情绪高涨，可以提高学生的学习锻炼的效果，可时间长了，情绪消滞，会有厌倦感，因此，有经验的教师会合理地安排教学内容，激发学生兴趣，通过适时的讲解、示范、演绎，引起无意注意，另外，要鼓励培养学生不怕困难、钻研学习的意志品质和探索精神，提高主动注意能力；在课堂学习锻炼过程中，应避免过多的重复练习，以免产生消极情绪；要求教师要有不断的有关联的指导动作练习，交替练习锻炼，时刻保持较高的情绪和兴趣，促使两种注意的相互自然转化，从而提高体育课的教学质量。

要上好体育课，在开始阶段教师要通过简洁明了、新颖的讲解，宣布课的任务，引起学生的兴趣，激励学生想体验的欲望，在平常的体育课中，要不断地培养学生的注意品质，主动地去专注某些事物，形成注意的稳定性，提高学习锻炼就有了事半功倍的效果。

三、迁移规律在体育教学中的运用

迁移规律是体育教学中的客观存在，为正确认识迁移规律对体育教学的影响，提高教学质量，对体育教学中的迁移规律进行了简要的分析，对迁移规律在体育教学中的应用进行了探讨，并对应注意的问题提出建议。

（一）迁移规律在制订学年或学期计划时的运用

制订学年或学期计划时，除了贯彻教学大纲的统一要求外，还要注意教材分布的纵横关系。在教材的纵横关系中就要考虑到迁移的问题。纵的教材关系如：进行标枪教学时，先教原地投掷，再教上步投掷，然后教助跑投掷。因为上步和助跑投掷的握枪、引枪由最后的用力到出手这些动作的基本环节和原地投掷相同，所教后两种投掷时只需把上步或助跑的技术与原地投掷技术连贯起来就行；在学习与原有动作结构相似的新动作时，大脑皮质由原已形成的基本环节或附属环节的运动条件反射即可作为新的动力定型的基础，只需补充一些基本环节或附属环节的运动条件反射，新的动力定型即可形成。因此，制订学年或学期计划时，应尽量在回忆旧知识的基础上引出新的知识技能，将具有共同因素的教材内容合理地安排在一起并贯穿练习起来，这不仅可以复习旧的技能，同时还能使学生更好地理解和掌握新的知识技能，达到前面的学习是后面学习的准备，后面的学习是前面学习的发展。

另外，在制订学年或学期计划时，要避免运动技能之间的相互干扰。两种不同运动技能之间，动作技术主要环节不同，而细节部分相同，在学习时它们之间往往产生干扰。如掌握了单杠挂膝上，对学习单杠的骑上有干扰，这是因为前者要求屈膝，后者要求直腿，动作的基本环节不同，前者干扰后者；如果同时学习某两种技能，而且都没有达到熟练和巩固的程度，这两种技能就容易相互干扰，或者两种技能中有一种掌握得比另一种熟练，那么前者就容易对后者产生干扰，如学习了跳高起跳（单脚起跳）的技术动作后，对学习支撑跳跃的起跳（单脚上板，双脚起跳）就可能产生不良影响；两种运动技能，结构相似，速度相反，其中某一技能已经相当熟练、稳固，要想形成相反的技能动作时，就感到很困难，甚至出现错觉，如短跑和长跑，两者动作结构虽然相同，但在动作反应速度上对神经系统的要求呈现是完全两样的，故产生干扰。

（二）迁移规律在教学中的应用

1. 讲解、示范中的比喻与启发

在教学中，教师采用生动形象的教学语言，不仅能够启发学生积极思维和想象，而且还能使学生加深对教材内容的理解，例如，学习前、后滚翻技巧动作时，教师用球做比喻，启发学生要低头、团身、屈膝使身体接近圆球形，才能像球那样进行前、后滚动。从而使学生心领神会，加深对动作要领的切身体验，加速对新技术的掌握。

2. 组织诱导性练习

（1）模仿练习的运用

根据相似的刺激物可以引起雷同反应的原理，组织适当的模拟练习促其产生正迁移，诱导学生逐步地学习并掌握教材。例如，在铅球教学中，从徒手原地正面推铅球动作—徒手原地准备姿势（蹬、转、挺、推、拨）的最后用力—滑步推球的模仿练习，对诱导学生逐步掌握正确的推铅球技术有帮助。其生理机制就是，通过模仿产生迁移，诱导学生学会并掌握教材。

（2）分解练习的运用

为简化动作的掌握过程，教学中常常把完整的动作合理地分成几个部分，然后按部分逐次练习，最后完整地掌握。例如，首先在进行排球正面上手传球教学时，可先进行传球手型的练习；其次进行正确击球点的练习；再次进行协调用力动作的练习；最后将以上三种练习串联起来，就会使学生完整地掌握正面上手传球的动作要领。每一个分解练习都给大脑皮层建立暂时性神经练习过程产生了痕迹效应。如果学生个体能正确、熟练地掌握每一个分解练习，则分解练习过程中产生的迁移就能使学生获得良好的学习效果。

（3）辅助性练习的运用

辅助性练习是指为发展某种动作所需的身体素质的练习。体育教学中，为使学生更快、更好地学会某项技术，而选用一些辅助性练习来发展该项技术所需要的身体素质，确实有利于素质和技能迁移。例如，在推铅球教学中，为提高铅球出手的初速度，必须发展学生推球的力量，因此，常常选用一些发展臂力、腕力、指力的练习，诸如俯卧撑、俯卧撑推手、俯卧撑击掌等，以发展掌握技术所需的力量素质。

3. 充分利用学生已有的知识、经验促进学习的迁移

选择生活中较为熟悉的动作概念，给学生以生动、形象的诱导。由于学生对这些动作、姿势印象比较深刻，因而容易接受和体验，如学习前滚翻时，教师可以用"篮球滚动"来启发学生；要求跳远踏跳的起跳腿快速蹬离地面时，可用"赤脚踩在滚烫的铁板上"的比喻来提示。语言简练、准确，便于同学回忆，指导自己练习。

可见，迁移总是以先前的知识、经验为前提的。有关的知识技能掌握越多，越容易举一反三，触类旁通。

4. 建立学生良好的心理状态，促进技能的迁移

针对不同学生的不同气质类型进行心理疗法，好胜心强的同学可用"激将法"，性格内向的学生则多运用心理暗示，使他们产生强烈的学习欲望，从而有利于加快运动技能的迁移和巩固。因此，教师在整个教学过程中都应帮助学生形成积极的心理状态，消除消极的心理状态。

总之，迁移是体育教学中普遍存在的规律，每一位体育教育工作者，都要自觉地认识和合理运用迁移规律，使学生在学习动作时收到事半功倍的效果，从而提高教学质量。

第四节　体育教学的结构和原理

📖 一、体育教学的结构

（一）体育教学结构模式

体育教学活动存在在一定时间流程与空间形态中。时间控制，主要表现在教学方法安排序列上；空间形态，主要表现在教学组织形式上，而教学结构是实现教学目标、实施教学内容、贯穿教学方法和教学组织方式的必要保证。课堂教学结构是目标、内容、组织教法的纽带，因此，教学结构模式的设计历来都是教学研究的一个重要课题。

在此试对我国学校体育的课堂教学结构做一浅析，以教师为主导，学生为主体的教学思想为指导设计课堂教学结构模式，旨在与同行们讨论丰富的体育课堂教学结构。

1.当前我国体育课堂教学结构尚存在的主要问题

目前我国体育教学中，以运动技术、技能为主要基本内容，并需要完成多个教学目的的综合课，大多数教师也都习惯于传统的"综合课结构"去上课，每堂课的顺序都是由"组织教学、复习巩固、讲授新知、巩固新知、布置练习"演变而来的体育教学结构。这样的结构看似完整规范，但也存在以下弊端：

（1）知识中心的教学结构跟不上教学目的的发展进程

从传统课堂教学结构上分析，形成以传授运动技术、技能为中心"为教技术而教技术"的知识中心教学结构。然而教学目的基本内容结构应该为"个性和谐发展观",且这个教学目的在不断扩充和发展。而目前的体育教学的知识中心结构,远未跟上教学目的的发展进程。

（2）以"教"为中心的课堂教学结构忽视了学生学习的主体性

体育课堂教学大多采用"分解教学—练习—分解教学（N）—练习—完整教学"的递进式结构,缺乏运动的整体感知,缺乏学生已有的运动技能和新运动学习的"矛盾"设计,忽视了学生认识活动的心理过程,没有反映出学生学习的规律和主体积极性,教学矛盾偏重于教。

2. 新型体育课堂教学结构模式

新型体育课堂教学结构模式主要的构成因素为完整的课堂教学论结构、灵活多变的教学法结构和有序递进的心理逻辑结构。

（1）教学论结构

体育教学论是研究和说明体育教学的现象、基本因素、本质以及内在规律的一门科学和学科。教学论结构反映了学科内容、教学逻辑和包含特殊认识过程的课的三个基本阶段,是组织课的一般指令、一般做法。

（2）教学法结构

教学法结构是组织一节课的总指令和总算法,是紧密联系的统一体,但又是相对稳定的。教学法的实施顺序和方式可以经常变化,并可以通过某种教学方法的教学法展开并具体化。如情景和问题教学法,课的开始阶段是通过创立问题情境或提出假说等方式引入新的知识;在解决问题或论证假说的过程中附带现实化;也可能以检查或复习上次课所学习的知识等,视课堂教学目标和教师灵活运用的教学方法体系而排序。

教学法结构的因素就是教师的"教"和学生的"学"所构成的各种活动种类,如讲述、模仿、练习、巩固等,是教学的具体体现,"教""学"的可变性为教师创造性、学识和教学法技巧提供了空间。

　　教学组织形式也是其中重要的因素。"分"与"合"，分小组教学与班级教学的协调，即"班级教学—小组教学—班级教学"。首先集体同授的主要目的是让学生对整体知识的感知，营造群体学习心理氛围和为后续的分小组学习做准备。分解教学采用小组学习，主要体现在学习新技能的阶段中。最后再班级教学，这里的"合"是反馈教学情况，通过讲评小结，提示重点难点，将知识条理化、结构化的整合过程，并对于"合"中反馈的问题，进行教学回授和纠正。"合—分—合"的操作，既可单轮分合也可多轮分合。其轮次取决于教材、教学需要及教师的教学控制能力。

　　（3）心理逻辑结构

　　心理逻辑结构是联结教学论结构和教学法结构的内部逻辑环节。掌握知识的过程总是从对事实、事件、规则等的"感知"和"意识"开始的，然后由比较、对比、解释等引导学生到对新知识的"理解"和"领会"，最终将新知识"概括"融入以前掌握的知识体系中。心理逻辑结构只能通过教学法来表现，如"复现"通过提问、练习等表现出来；"理解"通过正确的回答、分析运动结构、技术正误判断和正确运用（技术、原理、规则）等表现出来；"概括"通过能够正确组合知识的结构，正确地确定新知识在已掌握的知识体系中的地位等表现出来，如此等等。

　　在课的内部结构中还以是否包含探索性活动的步骤而分为两种不同结构的课，一种是复现性掌握的课（非问题性教学的课），另一种是创造性掌握的课（问题性教学的课）。

　　由上述可见，在学校体育课堂教学的结构模式中，保证外部教学法结构与内部心理逻辑结构的最优组合，是成功设计一堂课的关键，是课堂教学结构的灵魂。

4.新型课堂教学结构模式所孕育的功能

（1）课堂教学结构模式体现了教学过程的矛盾和矛盾的发展过程

从课堂教学结构模式的整体结构上分析，"再现已知的知识，在新情况下理解原有知识"和"建立问题情境，提出问题"，形成学生已有能力和知识水平与新授知识之间的矛盾；"感知新教材，思考理解"和"提出设想和假说"，形成解决教学矛盾的过程；"概括，运用"和"检查解决问题的正确性"解决矛盾。教学矛盾贯穿整个课堂教学结构，并成为引导和带动整个课堂教学过程的动力。对矛盾的主、次转化分析，结构的开始阶段的"教"处于矛盾主要方面，而"学"是次要方面，教师主导作用使教学的主要矛盾由"教"落实到"学"，最终使学生成为占支配地位的教学主体。

（2）课堂教学结构模式突出体现了学生的主体性

课堂教学结构模式的"完整教学—分解教学—完整教学"有利于学生的运动体验和对运动的整体感知，是引导激发学生主体积极性的重要结构；"班级教学—小组教学—班级教学"发挥了学生主体能动性和小集体思维的小组教学作用，适用于学生的需要、兴趣、爱好、能力和发展潜能，有利于实现学生个性充分和谐的发展。

（二）体育教学的结构生成及其社会功能

体育教学是一个复杂而有规律的系统，由多层要素组成，在推进体育教学的改革和优化过程中，对其进行教学结构分析，能全方位加深对体育教学的认识。同时加深对体育教学社会功能的认识。

1.体育教学的本质和教学结构

体育教学是由多种要素构成的，如教师、学生、课时、教材、教学方式、教学反馈等。

其中，教师和学生是体育教学结构的基本要素。另外，体育教学要以实现体育课程为目标，以教材和体育器材为载体，在一定的场地环境下进行系统性教学。

体育教学是团体教育，更是终身教育，也是情感交流和身体发展同时进行的教育。因此，体育教学的结构生成应当融合个人认知、情感交流和身体发展。

（1）个人认知

一般来说，学校教育在个人认知能力的主要表现形式有三种：一是概念性认知，通过语言等形式形成对外界的概念性理解。二是形象认知，通过一定的形象或者对某个形象的想象形成对外界的认知。三是运动性认知，通过身体与外界的接触形成的认知。

体育教学属于运动性认知，从而确立了体育教学在教学体系中的地位。另外，在体育学习中，学生首先通过语言和文字了解基本体育知识，然后通过示范对体育动作形象有所了解，最后通过身体对体育运动产生认知。

（2）创造良好的情感交流环境

体育教学能使学生在运动和竞技中不断地发现自我，完善自我。因此创立良好的情感交流环境，也是体育教学结构中的一个重要组成部分。情感交流能激发学生学习体育的兴趣，满足学生的表现欲，实现情感的交流和满足。

（3）促进身体的全面发展

体育教学是直接通过身体对世界产生认知。其教学结构首要一点就是促进身体的全面发展。首先，通过多种方式进行体育锻炼，培养健壮的体格。其次，建立正确的体育意识，培养意志力和竞技精神。

2. 体育教学的社会功能

（1）构成学校整体社会功能的一部分

体育教学是学校教学的一个重要组成部分，因此它的社会功能发挥也是包含在学校教学的社会功能中。学校教育的直接作用是帮助受教育者成为一个独立完整的人，形成个人的"文化形成"。而受教育者的"文化形成"也是把他归属到社会群体中的一个重要考核标准，并且促使受教育者本人在社会中发挥不同作用。

受教育者的"文化形成"是由接受各个学科知识的传授形成的一个整体系统，因此，体育教学的社会作用是帮助学生形成自身的体育文化形成。

另外，人类社会的不断发展中也形成了多种多样的文化，体育文化就是其中之一。而体育教学正是对人类社会体育文化的传承。

（2）提高学生适应社会和自然环境的身体素质，提升全面素质

体育的目标是强身健体，增强体质，锻炼意志。学校的体育教学通过多种方式和教学手段来实现这种目标。学生在体育教学中实现体育能力和身体素质的提升，那么在体育教学中打下的身体基础，有助于增强学生适应社会环境和自然环境的能力，这也是人生存的基本能力之一。

人是社会的组成部分之一，个人身体素质的提升，是构成全民身体素质提升的基础。

（3）提升人际关系等社会交际功能

人际交往是社会活动中必不可少的一部分，也是个人适应社会的一种必备能力，在社会发展中起着信息交流、情感沟通的重要作用。体育教学的教学方式和教学目标，在帮助学生锻炼身体、增强体质的同时，也在锻炼着学生与他人沟通的能力。首先是学生和教师的沟通和互动，其次是学生之间的互动，另外，体育教学能培养个人对团体或者集体的社会需求心理。

（4）促进心理健康

体育能保持人的心理健康，缓解现代社会所带来的种种生活压力，在提高人的身体素质的同时，促进心理状态的良性发展。因此，体育教学能对学生的

心理状态产生积极影响。体育是一种个人与团体互动的过程，在身体得到锻炼和舒展的同时，会对人的心理产生极大影响。适当的体育运动，能化解心理的孤独和悲伤情感，激发人的积极性和主动性。学校体育教学在学生性格养成中也具有重要作用。根据相关调查研究，体育教学能帮助学生养成积极、乐观的性格，增强学生的自信心和意志力。

综上所述，体育教学是一个完整的教学系统，其内部构成要素和结构之间的关系直接影响体育教学的效果，促使学生通过体育教学获得身体、心理和精神上的满足，体验情感交流的快乐，并且展开形成体育文化修养，养成终身体育的意识。体育教学不仅注重"体"，更注重"心"，让学生在体育教学中认识体育运动的本质，从而建立正确的体育意识。

📖 二、体育教学的原理

体育教学的原理简单来说就是进行体育学习或者教学的一些规律，在学生学习体育技能的时候客观存在的一些规律性。这是和动作的难易程度、性质，学生自身的一些条件、努力的程度，老师的教学水平以及设备和气候有着直接关系的。

（一）学习运动技能的规律和结构造成影响的一些要素分析

现在通过对于运动技能的一些学习规律的研究，得到认可的研究成果主要有以下两种，首先是整体结构理论，在进行技能学习的时候主要分成认知阶段、联结阶段以及自动化阶段；其次则是联结理论，在学习技能的时候主要是分成了三个各具特点却又相互联系着的阶段，也就是局部动作掌握的阶段、整个动作能够初步掌握的阶段以及对动作进行完善和协调的阶段。对学生运动技能的掌握起到影响的因素很多，主要在反馈和练习两方面。在进行练习的时候，影响因素主要是进步的实际情况、练习的时间方面的分配、练习的方法是否正确。若是学生进行单纯的动作学习，取得的进步是比较小的，学习技能的时候可以通过反馈的方式，并且学生对联系结果的了解程度也会直接影响到效率提高的程度。

（二）运动技能教学在会能度的基础上的教研规律

在进行体育教学的时候，教学规律有一定的共性，但是由于项目的不同，教学方法和时间的安排都会有一定的不同，这也是教学的个性，此处便是针对其个性进行了分析，探讨了和会能度有关的教学规律。

1. 教学时运动技能会能度分类之间的关系

（1）会与不会区别比较明显的运动技能。在教学的时候，蛙泳和独轮车这两项运动会与不会之间区别比较明显，并且根据调查显示，蛙泳需要十二个学时才能够学会，而独轮车的直线骑行则需要十个学时。用时比较长的主要原因则是在于运动的复杂程度，蛙泳和独轮车都是比较难的，在对这种项目进行教学的时候则应该安排的时间长一些。

（2）中间型的一些完整运动技能。这些运动技能不是很复杂，但是包含的一些元素比较多，和学生的日常生活有一定的关系。这种技能由于包含了多元动作和单一动作两种，所以在教学安排的时候应该根据实际的情况进行选择。单一的运动可以安排小单元或者中单元的教学，而那些多元动作结构的技能则应该根据实际的情况安排大单元或者中单元的教学。

（3）会或者不会区别比较小的运动技能。这一类的技能包含的动作和元素都比较少，并且也很简单，和我们的日常生活联系紧密。所以在教学的时候难度比较低，学生稍微一学习或者是不学习都能很好把握，这一类的运动在教学中，可以安排较少的时间进行练习。

2.教学方法和运动技能会能度分类之间的关系

（1）采取分解教学法进行教学，将运动的完整技能分成几个小的部分，一段段地进行动作教学。分解法主要包括的类型是简化法、部分法、分割法。

对于那些会或者不会区别非常明显的运动技能，采取分解法教学能够把整个运动简化，根据其复杂性的特点可以通过掌握运动的部分来进行整体的掌握。并且由于运动技能有一定的组织性，构成部分之间有一定的联系，特别是先后顺序，并且动作的重复性比较低，这也给分解教学提供了方便。但是会和不会区别比较明显的运动本身比较复杂，但是技能自身空间组织性是有一定区别的。比如说进行篮球的跳投，其空间组织性比较高，在进行教学的时候，不能够采用分割法的办法，所以可以采用简化法的办法进行教学，在保证动作完整的基础上，降低其难度。

对于那些中间型的运动技能，也能够采取分解法的办法教学，这一类运动本身具有复杂性，但是这类运动对时间和空间的要求比较低，所以可以采用分解教学的办法。

（2）完整教学法的运用。这种教学方法是指整个动作一次性教完，对于那些比较简单并且组织性比较高的运动比较适用。

中间型中的分立运动自身的复杂性比较低，包含的元素比较少，还有一些中间型的运动自身对于时间和空间的要求很高不能进行分解，所以可以采取完整教学的办法进行教学。

那些会或者不会不存在区别的技能，其本身的匀速比较少，并且对空间时间的要求比较高，不能够进行分解，所以可以采取完整教学的办法来开展教学。

（3）教学步骤和运动技能会能度分类之间的关系

体育教学的时候，教学步骤应该是比较清晰的，老师在进行教学的时候，必须明确每个步骤之间的联系和关系，对于那些比较难的运动技巧，老师可以先进行分解，学生掌握了部分之后，再采用完整教学的方法，让其将每个步骤联系在一起。

　　研究运动技能教学对于体育学原理的主要意义在于，把握教学中的规律，让学生更好地掌握好每个动作。老师也可以通过教学得出更多的经验，更好地进行教学。

第二章 高校体育教学模式建构与应用

第一节 体育教学模式的建构理论与应用

一、发现式的体育教学模式

（一）含义及教学指导思想

也被称为"问题解决式教学模式"或"创造式教学模式"，是主张通过体育教学，使学生既懂又会，并使学生通过学习运动的原理，掌握灵活的运动学习方法，提高体育教学"智育"因素。这种理性的为终身体育服务的教学模式，主要遵循在体育教学中学生认知的规律来考虑教学过程。

（二）教学过程的结构特征

这种教学模式在设计时，先将运动教材中有关原理和知识进行归纳和整理，组成"课题串"和"问题串"，每个问题都有其验证、讨论和归纳的方法，然后将几个大的问题分别放在各节课中；课的教学过程一般有问题提出、验证学习、集体讨论、归纳问题、得出结论等几个学习阶段，运动的学习和练习则紧密地穿插其中，多采用提问、设疑、讨论等教学方法。

（三）具体案例

教师进行跨栏跑教学，单元按课题"什么是跳栏、跨栏、跑栏""跨栏为什么要攻栏""攻栏的要素""如何练习攻栏的动作""你的同伴的攻栏动作如何"等相互有关联的问题，放在 8 个课时的单元中进行教学。如第三课时，课题是"攻栏的要素"，教师先让学生测量自己起跨点到栏的距离和下一栏第一步着地点与栏的距离，以诱导学生认知攻栏的技术结构，在实地验证和讨论中得出攻栏与速度、身体柔韧性与技术之间的关系，使学生找到练习的方向，并实践了如何理性地进行运动学习的过程与方法。

📖 二、注重发展学生主动性的体育教学模式

（一）含义及教学指导思想

这是一个概念比较广泛、类型多样的教学模式，"主动性教学""自主式教学""自练式教学""学导式教学"等大概都属于这类教学模式。这类教学模式都主张尊重学生的自主性和自发性，强调给学生以自主学习的空间和机会，使强制性的、死板的教学转变为生动活泼的教学，从而提高体育教学质量，培养学生学习的积极性和主动性。

（二）教学过程的结构特征

由于激发学生主动性的途径和方法很多，因此主动性教学模式过程也较多，但它们的共同特点是都有一个可以让学生发挥主动性的教学环节。有的是让学生概括教学内容进行准备活动，有的是让学生在一定程度上自选学习方法

和进度，有的是让学生进行自主的相互评价，等等。当然，根据教学对象和教学条件这些环节可长可短，形式也可以灵活多样，采用的方法有小组学习、自练和使用学习卡片等。

（三）具体案例

教师让学生两人一组轮流设计一堂课，并在教师指导下，担当课中一半时间的教学。学生首先要根据教师提出的基本要求将设计出来的教案交教师批改，教师批改后交还给学生备课，上课时，教师进行必要的指导。一个学期后，每位学生都担任过一节课的教学，同学们也在相互的配合中知道了应如何主动地学习，进一步激发学生的学习主动性，培养学生的组织能力。

📖 三、注重让学生体验成功的体育教学模式

（一）含义及教学指导思想

也经常被称为"成功体育教学模式"，是近年来国内"成功体育"教学思想指导下开始逐步形成的教学模式。在国外，如日本和澳大利亚都有类似的体育思想和相近的教学模式，是一种主要面向学习有困难的学生，主张让每位学生都体验到运动学习的乐趣，积累小的成功为大的成功，以形成学生从事体育运动志向和学习自信心的教学模式。该教学思想有如下特点：①主张让学生多体验成功，但不否认过程中的失败；②既强调竞争的作用，也重视协同的作用；③主张将相对的评价与绝对评价相结合；④主张营造温暖的集体学习氛围；⑤强调"既懂又会"的学习效果。

（二）教学过程的结构特征

其教学过程结构的特点是在单元的前期和后期都有一个经过改造过的练习或比赛方法。这些方法多采用"让位""相对评价"等手段将练习和比赛变成一个使技能好坏的同学都能参加和享受到成功乐趣的活动。通过引进环节，每位同学都有一个针对自己条件的努力目标，帮助学生建立起学习的自信心，最大程度地激发学生的学习积极性。

（三）具体案例

教师上跨栏跑教学，在单元的第一节课中，让学生按身高的不同，先进行60m栏比赛（栏距、栏高可不完全相同）并测得成绩，将学生以前的60m跑的最好成绩与跨栏跑60m的成绩比换成系数（如a学生的60m为8″，60m栏为10″，其系数为0.8），教师提出在今后的学习和练习中，每位同学都应在改进技术和加强身体素质的同时，不断提高自己的系数，如设定系数目标为0.85。当每位同学在自己的基础上有了各自的目标后，就以小组进行练习，调动同学之间的相互关心和相互帮助，最后要进行小组间的比赛。总结时对那些系数提高快的学生进行表扬，学习成绩以系数进步度和绝对成绩分别计分，进行评价。

第二节 高校体育教学模式现状与发展

📖 一、大学体育教学模式概念

体育教学模式由三个基本的要素组成：即教学指导思想、教学过程结构、相应的教学方法体系。这三者的关系是：教学过程结构是支撑教学模式的"骨骼"；教学方法体系是填充教学过程结构的"肌肉"；而教学指导思想则是内含在"骨骼"与"肌肉"中，并起到协调和指挥作用的"神经"。教学指导思想（神经）体现了教学模式的理论性；教学过程结构（骨骼）体现了教学模式的稳定性；教学方法体系（肌肉）则体现了体育教学模式的直观性和可操作性。

二、大学体育教学模式现状分析

从理论上看，我国大学体育的教学模式有六种，分别为：分层教学模式，即按不同基础分组教学；分组教学模式，即按人数、性别等分组教学；学导教学模式，即先学理论和方法，再实践练习；合作教学模式，即分配任务和目标，要求学生团队合作完成任务；情景教学模式，即利用设计情节或导入故事，激发学生兴趣和学习欲望；竞赛教学模式，即组织比赛、游戏，增加趣味，促进有益竞争。

然而，现实中我国高校体育教育所遵循的教育、教学理论，自20世纪50年代以来基本上没有脱离凯夫体育教育理论的框架。20世纪80年代以来，虽然引进了不少国外的体育教育、教学理论和方法，但从整体上说，体育教育理念、课程设置、教材内容、教学方法及教学组织形式等方面的发展变化并不明显，仍存在许多弊端。

因此，我国高校体育教育应该改革现有的教学模式，根据不同的培养目标和性质要求，采用不同的教材内容、教学方法、教学组织形式、评价方法等。在高校体育教学改革中，突破单位纯运动技术教学，加强培养体育能力，适应现代社会进步的需要，迫切要求提高每位大学生的素质。提高大学生的素质需要从六方面入手，即身体锻炼能力（其中主要着眼于学生自学、自炼、自调和自控能力的培养）；运动能力；开拓创新能力；组织管理能力；保健能力；运用体育环境和条件能力。这六种能力既是独立的，又是相互关联、不可分割的，而且相辅相成，互为作用。

📖 三、大学体育教学模式展望

随着社会的不断进步，经济的不断发展，人们追求健康、快乐的愿望也进一步提高。目前，在体育经济领域中出现的体育俱乐部的运作形式也已经进入高校，在高校体育教学活动中扮演着重要的角色。它代表着我国高校体育教学模式的一种新的发展趋势。

当前，我国高校体育俱乐部模式主要分为三种类型：即课外体育俱乐部、课内体育俱乐部和课内外结合的体育俱乐部。在这三种类型中课外体育俱乐部最早形成，是以拓展学校体育功能，培养良好的体育习惯和行为为主要目标。它主要以课外活动的形式出现，一直被各大院校普遍采用，表现出较强的生命力。课内体育俱乐部模式是近几年高校教学改革的热点，以现代化的教育思想和教学理念为依托。课内外结合的俱乐部模式是伴随着素质教育的兴起提出的，以终身教育的思想为指导，课内外一体化地培养学生适应社会的能力。

通过研究表明，高校体育教学实施俱乐部的教学模式有利于把体育教学和课外锻炼形成统一的整体，有利于培养和提高大学生的运动技能水平，有利于增强大学生的体育意识，培养大学生的运动兴趣，更重要的是它为进一步落实"终身体育"思想做出了更大的贡献。因此，在我国高校目前所采用的各种体育教学模式中，俱乐部的教学模式更适应现代高校学生的要求，应将该教学模式在高校大力推广。

第三节　我国新型高校体育教学模式的建构

在教学中应采用解决策略问题的方法，活动内容的选择与教学应围绕呈现的策略问题展开，教学不仅重视学生在课堂上的学习过程，更重视游戏的价值。因此要按以下五个环节来设计教学。

1. 开场游戏练习

通过修改或简化的游戏练习，让学生理解游戏中呈现有待解决的策略问题，明白学习特定的技能才能解决这一问题，由此理解技能练习的价值。

2. 问题讨论

教师适时地介入，与学生共同讨论事先设计好的问题，帮助学生理解呈现问题的必要性和解决问题的方法。

3. 技能执行（游戏练习）

根据学生的能力，修改游戏规则和方式，并在游戏中设置必要的技能练习，有助于学生发现解决问题的方法。

4. 终场游戏

能让学生展示新近习得的技能，通过观察评价，检测技能学习成效（比赛表现）。

5. 结束时的问题讨论

通过讨论展现学生获得的运动认知。

学习目标、教学过程与教学评价是环环相扣、密不可分的。因此，要构成一个完整的理解式教学课程单元，必须有学生在课堂上的学习评价。评价过程是连续的，可通过多元评价方式进行，每节课都要求观察、记录一部分学生的运动表现，以检测学习目标的达成程度。

体育课堂教学不能用技能测验来预测比赛表现，因为技能评价无法评价比赛中的社会领域；无法提供比赛表现的相关情景；更不能真实反映出比赛表现的整体。球类比赛表现的评价工具"GPAI（Game Performance Assessment Instrument）"的出现，为我国体育教学提供了一套可以评量各项球类游戏比赛表现的手段，这是一种表现性评量工具，可以系统观察学生的运动比赛表现，这种评价方式比较客观与完整，能真实地体现学生在课堂教学中的表现。

教学以学生为中心：理解式球类教学强调以学生为中心，在游戏课场景中呈现解决问题的情境，学生围绕游戏或比赛思考解决问题的方法。实践中，激发兴趣是促进学生自主学习的动力。课堂教学以游戏为主线，以学生为中心，让学生在运动练习过程中享受到乐趣，提高其学习能力。

重视学生思维能力培养，提升解决问题的能力：理解式球类教学模式提供了一种学习过程中的思维方式和方法。在实施教学中，不仅重视教学过程，而且注重引导学生发挥想象能力、寻找解决问题的方法，而这种解决问题的学习过程，也是促进学生更高水平的思考，提高其解决问题的能力。

体育教师对理解式游戏教学法的深刻理解：模式的成功实施，很大程度上取决于体育教师对此知识的深刻理解与运用，否则无法将相关的运动适当地加以修改与简化，无法提供有效的课程结构供学生学习。因此，授课教师可以接受相关的培训，在理论与实践上得到一些指导和提高，教育机构可以给体育教师提供培训，让体育教师具有高度的专业知识与技能，可以帮助其组织好理解式课堂教学，从本质上认识此教学模式。

第三章 高校体育教师能力与师资培养

第一节 体育教师的专业能力

教师专业发展是指教师作为专业人员，专业知识不断发展与完善、教学技能技巧不断娴熟与丰富、专业信念不断坚持与追求、专业风格逐渐明晰与确立的过程。这些内容在教师专业发展过程中相互联系、相互促进，成为不可或缺的有机整体，其中，专业知识和教学技能是体育教师专业发展的基础，追求卓越的专业精神为体育教师发展的导向，专业风格的确立则是体育教师专业发展的集中体现。体育教师的专业发展水平不仅仅是个人能力的体现，更对学生的体育发展、体育学习有着重要的意义。

一、体育教师专业水平决定着学生的体育素质

学生的体育素质不仅仅代表着学生身体素质表现出来的能力，更包含了学生对体育的情感、认知、态度等。作为一名有责任感的体育教师，所完成的工作任务不仅仅指学生完成了教学大纲的教学内容，学习了课堂规定的内容，更包括了学生在接受体育教学之后，学生课后能不能坚持体育锻炼，能不能产生正确的体育认知，能不能形成正确的体育价值观、终身体育锻炼的意识。一名

优秀的体育教师改变的不仅仅是学生的动作技能，更在于对学生思想的转变。2007 年颁布的《中共中央国务院关于加强青少年体育增强青少年体质的意见》中明确指出，广大青少年身心健康、体魄强健、意志坚强、充满活力，是一个民族生命力旺盛的体现，是社会文明进步的标志，是国家综合实力的重要方面。一名优秀的体育教师不仅仅是教会学生运动的方法，更重要的是教会学生为什么要进行体育运动，体育运动对其发展的价值和意义，使学生形成正确的体育价值观，能从内心激发学生对体育的情感和热爱，让学生主动拥抱体育，享受体育带来的快乐。当前，中国青少年学生的体质下降，并不是体育教师没有传授学生锻炼的方法和手段，而是其主观上不愿意锻炼。所以需要体育教师提升专业水平，只有这样，学生的体育素质才能真正提高，广大的青少年才能身心健康、体魄强健、意志坚强、充满活力。

📖 二、体育教师理念水平决定体育课程改革的质量

以"健康第一"为指导思想的体育与健康课程，对于实施素质教育，培养学生的爱国主义、集体主义，促进学生的德、智、体全面发展具有重要的意义。该课程分为运动参与、运动技能、身体健康、心理健康与社会适应四方面，新的课程标准对体育教师是全新的挑战，课程四个领域的学习目标不仅仅要求体育教师具有体育的教学和组织能力，还要发展学生良好的心理品质、合作和交往能力，形成健康的生活方式和积极进取、乐观开朗的人生态度。新改革所提出的理念非常先进，充分体现了以人为本的精神，把学生的健康成长作为首要任务，关注学生身心健康和谐发展，但能否把这种先进的理念充分融合在日常体育教学中，并使学生受益，这有赖于教师对课程标准的理解和执行。

体育教师希望通过自己的课堂来贯彻新课程标准先进的理念，但往往由于

自身理论水平的不足而导致照本宣科，生搬硬套。"要给学生一碗水，教师要有一桶水"，所以体育教师要提高自己的理论水平，多读书、多思考，并结合教学实践，把理论融入体育课程教学。这样体育教师才能适应体育课程改革的要求，逐渐把这种先进的理论真正融合到自己的教学过程中去，使学生真正体会体育课程改变给自身发展带来的影响。

三、体育教师专业能力决定体育教学质量

要想成为一名优秀的体育教师，比其他文化课程教师难度更大。第一难，难在语言表达。体育教师需要把抽象的动作用语言表达出来，辅助学生更快、更准确地掌握动作，这就要求体育教师的语言组织形象、准确、生动。第二难，难在应用的知识。体育是一门综合性的应用学科，至少包含了生理学、解剖学、运动生物力学、心理学等学科，体育教师要想让学生知其然并知其所以然，就必须具备相关的知识，这是其他学科所不具备的。第三难，难在组织、管理上。教师在教室里上课，比较便于管理，而一节体育课集合、游戏、分组练习、竞赛、放松活动需要体育教师良好的组织协调能力。第四难，难在教学内容上。其他学科的核心内容很少改变，更多体现在教学方法上，而体育学科则不然，不同的地域、不同的时期都有不同的侧重内容，这就要求体育教师要不断地学习适应新的变化需要。一名体育教师只有克服了这"四难"，才能保证教学质量，而克服这"四难"需要体育教师不断地实现专业发展。

四、体育教师专业发展对自我实现的重要意义

著名哲学家、人本主义思想家马斯洛在其需要层次理论中提出，人类的需求构成一个层次体系，其中自我实现是需求层次理论中谈到的人的最高级的精

神需求。对于自我实现，马斯洛认为，自我实现意味着充分地、活跃地、忘我地体验生活，全神贯注，忘怀一切，个人完完全全地成为一个人①。自我实现就是成为最好的自己。体育教师的专业发展不仅仅体现在专业知识的提高和教学技能的娴熟，更是一种不断超越自我、突破自我，追求卓越精神的体现。体育教师的专业发展价值：首先，体现在教学上。专业能力的提高，教学能力相得益彰，学生获得了体育知识，获得了健康，体育教师获得了一种精神上的满足、职业上的快乐，作为教师实现了职业价值；其次，体现在个人发展上。在专业发展的过程中，体育教师通过各种学习，不断突破自我，超越自我，不断重新认识自我，实现自我。在这个过程中不仅实现了专业能力上的提高，更为重要的是获得了精神上的快乐和满足。

第二节　我国体育教师队伍建设与发展现状

体育教师的知识是从事体育教育工作和专业发展的前提条件。林崇德、申继亮从认知心理学的角度提出，教师的专业知识应包含三方面：一是本体性知识，指教师所具有的特定的学科知识；二是条件性知识，指教师所具有的教育学和心理学知识；三是实践性知识，指教师在实现有目的的教学行为中所具有的课堂情境知识以及与之相关的知识，这种知识是教师教学经验的积累。

叶澜从系统论的角度，认为未来教师的专业素养在知识结构上也不同于今日的教师，不再局限于"学科知识＋教育学知识"的传统模式，而是强调多层次知识结构。她认为，有关当代科学和人文两方面的基本知识，以及工具性学科基础和熟练运用的技能、技巧是教师专业知识结构的最基础层面；具备一

---

① [美]亚伯拉罕·马斯洛(Abraham H. Maslow).马斯洛需求层次理论[M].北京: 中国青年出版社, 2022.

至两门学科的专业性知识与技能，是教师专业知识结构的第二个层面；教育学科类知识是教师专业知识结构的第三个层面。这三个层面知识相互支撑、渗透并有机结合①。

王建军在考察教师专业发展中，论述了教师知识问题，他把教师专业发展分为理智取向发展、实践—反思取向发展、生态取向发展②。其中，理智取向的发展强调教师对基础知识的掌握。这里所指的知识倾向于科学知识。以钟启泉为核心的华东师范大学课程组从教师教育课程的设置出发，提出教师知识构成的问题。教师教育的课程应包括"教育理念，教育知识，教育能力和教育实践"四大块③。

知识是教育专业发展必不可少的基础，体育学科教师专业发展有教育的共性，也有学科自身的个性，体育教师在专业发展上要有所突破和进步，至少需要在以下领域进行不断的积累。

📖 一、丰厚的基础知识储备

（一）自然科学知识

体育不应建立在任意杜撰的练习或时髦的流派上，而只应该在其真实性已被解剖学和生理学所证实的基础上。完成这样的练习，人的机体内能够产生某种良好的反应，选择和运用练习使他们最大程度地保障机体正常发挥功能。"近代体育之父"古茨穆茨设立了体操教育内容，但同时他也清楚地认识到，体操的真正理论是建立在生理学基础之上的，因为他为自己未能按照这一科学基础对运动进行分类，感到十分不安。一百多年前人们已经认识到体育应该建立在

① 叶澜, 等 . 教师角色与教师发展新探 [M]. 北京：教育科学出版社，2001.
② 王建军 . 学校转型中的教师发展 [M]. 北京：教育科学出版社，2008.
③ 钟启泉，严书宇，沈兰译丛主编 ; [日] 秋田喜代美，佐藤学编著; 陈静静译 . 新时代的教师 [M]. 北京：教育科学出版社，2013.

解剖学、生理学等科学的基础之上。然而，至今在中小学体育教学中，关于自然科学的知识仍然是被教学所忽视的，教师在运动技术的教学过程中依靠教师个人对运动技术的领悟、理解和掌握，对动作的原理、运行的轨迹、技术构成无法做出科学的说明。当学生对动作产生疑问时，体育教师往往难以给出科学的回答。因此，体育教师应当多反思自己的体育教学是否能经得起推敲和科学的验证。

对于体育教师而言，必须要了解和掌握相关的运动生理学、运动生物力学、解剖学、运动心理学、测量与评价等知识，这些知识是体育运动技术存在的基础，是创新体育手段和创造体育项目的基础。有了这些知识，体育教师可以根据特定的教育需求探索出最合适、最有效的手段；有了这些知识，体育教师可以根据不同学生的需要而设计出不同的运动项目；有了这些知识，体育教师的教学才能真正实现建立在科学性的基础之上。这些知识体育教师在大学时期都学习过，只是在实践的教学过程中经常被忽略或遗忘。

（二）人文社会科学知识

自现代体育传入我国以来，体育就逐渐成为学校教育中不可或缺的部分。中华人民共和国成立以来，我国的教育方针几经修改，但体育作为其中的一个重要组成部分始终没有改变过，这种现状就使人们对体育教育的存在产生了某种惰性。然而从中华人民共和国成立以后，学校体育改革，尤其是改革开放后学校体育主导思想的变迁，经历了增强体质、终身体育、快乐体育、素质教育、健康第一等阶段。这些思想变迁最主要的原因就是体育教育领域的存在，发展的终极方向需寻求一种理论上的阐释。而在这个过程中如果体育教师缺乏相应的人文社科知识，那么对这些理念上的理解就会存在因知识不对称产生的差异。体育教师无法理解我国的学校体育主导思想为什么不断地改革和探索，也无法把这些改革取得的先进成果以及提出新的发展方向与自己的日常教学结合起来，也无法根据这些新的指导思想去修正自己人生发展的努力方向。缺乏了人文社科知识的支撑可能会使得绝大多数体育教师在改革中迷失方向。

没有丰厚的体育人文社科知识做积淀，体育教师的专业发展就不可能真正包含了文学、哲学、历史等为主的人文社会科学方面的知识。这些学科的知识常常凝聚、整合为一个民族和国家人文精神之精华。体育人文社科知识的发展水平以及国民所具有的体育素养的高低和普及程度是一个国家、民族整体体育水平高低的体现。而作为体育教师，有义务、有责任为整个民族和国家体育水平的提升而努力，要想做到这一点必须首先夯实自己的体育人文社科的知识基础。我国体育发展现状要求未来的体育教师成为既要具有专业知识和技能，又要具有丰富的文化底蕴；既具有健康的身心，又具有创新、管理和协调能力的综合性人才。

体育人文社科知识是研究体育与人、体育与社会相互关系及其基本规律的学科。当前新课程标准中社会适应、心理健康等领域目标的实现，更多依靠体育人文社科的知识。体育人文社科知识包含了体育社会学、体育史学、体育哲学、体育美学、体育经济学、学校体育学、运动休闲学，是体育与其他社会学科融合而成，这些知识都应将成为体育教师未来专家发展所必须具备的。

📖 二、优秀的运动技能

体育运动技能是一名体育教师的生存之本。一名优秀的体育教师往往能通过规范、优美的动作而激发学生学习的兴趣。当代许多青少年对体育明星的崇拜不是被其外表所吸引，而是由于其在运动场上展现出的非凡的运动技艺。处于义务教育阶段的学生，希望能掌握一门运动技能在运动场上来展现他们的运动技巧，而一名拥有优秀运动技能的教师无疑能吸引他们的注意力。体育课堂教学不仅仅需要语言的表达来传递教学信息，也需要教师的示范来加深学生对体育动作的认知，有时候一个正确的示范会比烦琐的动作描述更有效、更直观。所以要想成为一名优秀的体育教师必须要熟练掌握至少一门优秀的体育运动技能，并在运动技能方面做到"一专多能"。

从体育教师专业发展的角度看，一名优秀体育教师的运动技能不仅仅指其在运动过程中所展现出来的运用运动技术的能力，还应该包括学习新的运动技术的能力。当今社会体育项目变迁频繁，有许多体育项目的兴起、发展和流行是当前体育教师没有系统学习过的，但这些项目往往能引发青少年学生学习的兴趣，如果一名体育教师仅仅恪守着一个运动项目教一辈子的话，很容易在自己本职工作上失去竞争力。虽然不能要求每一名体育教师掌握所有流行的体育项目，但作为一名职业体育教师应该对这些项目有所了解，并能根据自己的专业知识了解这些动作的原理，探寻出合适有效的动作练习方法。虽然体育教师不能在所有新的运动项目上成为传道的人，但至少可以为学生的学习需求解惑。

📖 三、课堂教学设计与实施的技能

在课程改革的形势下，教师由传统教学观念向现代教学观念转变的关键，是对于教学设计的重新认识和现代教学设计技术的掌握。所以，体育教学设计不应仅仅只考虑体育知识的重点难点的讲解、练习方法的选取和教学过程所安排的逻辑等方面上。体育教学设计除要考虑以上问题，还应该体现对学习环境的创设、学习情感的培养、学习方式的指导和学习技术（策略）的关注。教学设计从关注学生需要学习什么，为什么学习，怎么样去学出发，考虑教师教什么，为什么教，怎么样去教，直至学生学得怎么样，考查和评价教学行为等方面都值得研究和探索。

四、开展课余体育活动的技能

学校课余体育活动的开展对实现学校体育目标，完成素质教育，培养学生的体育锻炼习惯，终身体育意识的养成都具有重要的作用，课余体育活动的开展是体育教师日常工作的重要组成部分。相比体育课堂教学的严谨和规范，课余体育活动更能凸显体育教师个人创造能力和整体综合素质；对于体育教师而言，开展课余体育活动是其本职工作的一部分，也是教师专业发展的重要组成部分。

（一）组织、管理与策划

课余体育活动对学校体育目标的完成具有重要的作用，如果说课堂教学是体育课本知识和技术的传授，那么课余体育活动的目标就是形成学生的体育技能。与课堂教学不同的是，课余体育活动更能尊重和体现学生的需要，而这恰恰要求体育教师必须做好课余体育活动的组织、管理和策划，让学生的正常需求得到有效的满足；而不能把学生的课余体育活动变成自己的"一言堂"，不管学生愿意与否，主观地按照自己的意愿行事。在课余体育活动的开展过程中，教师的角色主要是保证学生正常的体育需求得到满足，做好学生的组织、管理工作，保障学生运动的安全，提供好人、财、物，解决学生在体育运动过程中的疑问和困惑，在管理架构内给予学生充分的体育自由，这样的课余体育活动才能实现体育对人真正的培养。

（二）运动负荷的控制

运动生理学的研究表明：当心率在 110 次 / 分钟以下时，机体的血压、血液成分、尿蛋白和心电图等没有明显的变化，这种程度的负荷对健身价值不大。

当心率达到 130 次 / 分钟时，每搏输出量接近或达到正常人的最佳状态，这种程度的负荷健身效果明显。当心率达到 150 次 / 分钟时，每搏输出量开始缓慢下降；当心率达到 160 ~ 170 次 / 分钟时，虽无不良的异常反应，但也未出现具有更好健身效果的迹象。学校教育的目的是培养全面发展的人，课余体育的目标不是培养运动员，而更关注在这个过程中学生参与体育以及参与的效果如何。从学校体育的目标看，增强学生体质一直是重要的目标之一，所以选择合适的运动强度对达成这个目标至关重要。体育教师要学会监控学生的心率，用科学的方法指导学生进行体育运动。经过长期积累以后，体育教师不仅仅形成对课余体育活动开展科学的把握，更能使教师形成不同项目不同效果的认识，这将对教师今后的教学和体育活动开展提供重要的数据支撑。

（三）运动项目的创新与选择

体育运动真正吸引学生的、令学生真正神往的是其在运动中获得的快乐，而并不是他们参与什么项目。如果教师仅仅只把注意力集中在运动项目的选择上，忽略了学生参与体育真正的目的，那么就是舍本逐末。只要能实现"学生在运动中获得快乐"这个目标，体育教师就会发现哪里都有运动器材，哪里都有运动场。

（四）合理利用运动竞赛

近一个多世纪以来，西方体育教育家们一直认为，游戏、竞赛、竞技体育对完成和实现通过教育制度来支持的主要教育目的有着独特的、无可比拟的作用，是完成和实现教育目的特别适合的媒介。西方体育教育家还极力主张，为了儿童和青少年的情感、智力、身体以及社会性的发展，宏观地选择肌肉性活动的重要性不可忽视。在新课程标准提出的运动参与、运动技能、身体健康、心理健康与社会适应在体育教学中都是不可能全部完成的任务，尤其是运动技能、身体健康、社会适应目标的实现，运动技能、身体健康的获得需要依靠长时间、一定强度的身体练习才有可能实现。这种长时间、需要强度的训练有赖于青少年意志品质的坚韧，而这种坚韧除了依靠运动中的快乐之外，很难找到比快乐更可依赖的精神力量。社会适应中所包括的人与人之间的尊重、理解、友谊、信任等品质，社会运行所依靠的公平、平等、竞争等规则的适应在体育领域也只有运动竞赛中才可以实现，只有在运动竞赛的过程中才涉及更广泛的人与人之间的关系。课余体育活动给了教师充分的时间去开展运动竞赛，结合体育人文社科的知识，结合学生在运动竞赛实践中，向学生传达公平、竞争、平等、尊重对手、团队精神、坚韧不拔、顽强不屈等品质，这样的引导比单纯的说教效果更好，同时学生也更容易接受，在潜移默化的过程中加深学生对体育的认识。

📖 五、科研与教研技能

体育教师的科研与教研技能是教师自身在长期体育教育教学实践中经验、体会、学习、探讨的总结，是深思熟虑的结晶，是悟有所得，是体育教师对体育教育事业发展前进的一份贡献，是其职业发展的重要体现。

然而在实践中，体育教师的科研和教研一直是困扰体育教师专业发展最重要的障碍，其主要原因就在于体育教师把科研看得过于高深，以致于产生望而却步的心理。体育教师在日常教学和学习过程中并不是发现不了问题，关键是缺乏把问题阐释清楚，分析问题的能力，这种能力的缺失主要原因在于对与体育相关的自然科学和人文社科知识的了解不足。体育自然科学的知识是检验日常教学工作的基础，是判断体育教学、学校体育工作开展正确与否的基础，离开自然科学知识的论证，在开展相关研究时就缺乏强有力的证据。体育的人文社科知识更关注对体育教育发展方向的把握，教育的最终目标是为人的发展服务，而体育教育在这个过程中的作用是方向指向哪里；体育除了对身体机能的提高外还有什么价值和意义，这些都需要人文社科的知识做出论证。具备自然科学和人文社科的相关知识，不仅能在教学过程中采取正确的方法和手段，而且更能使体育培养人向着正确的方向前进。对于科研和教研来说，有了理论做依据，不但更容易发现体育教学工作中存在的问题，而且能找到相应理论进行分析、讨论，并探寻解决的方法；在这种不断发现问题、解决问题的过程中，体育教师科研和教研能力逐步得到提高和发展。体育教师的研究对象就是朝夕相处的学生，学生的学习水平变化、体育情感态度的变化和学生身体素质的变化。这些都可以引发体育教师深层次的思考。当前，我国学校体育改革最缺乏的恰恰是一线体育教师针对教学实践展开的研究，当前的学校体育改革、未来体育的发展，需要这些来自实践的研究。

📖 六、运用现代教育技术的技能

现代教育技术以计算机为核心的信息技术在教育教学中的理论与技术，运用现代教育理论和技术，通过对教学过程和资源的设计、开发、应用、管理和评价，以实现教学现代化的理论与实践。对于很多体育教师而言，很少应用现代这些教育技术作为自己教学的辅助工具，来提高体育教学的教学效果，有时候用也仅仅局限于应用图片、视频、音效一些比较简单、方便的辅助手段。对于体育教学而言，现代教育技术融入教学的目的就是提高教学的效率，展示体育教师无法完成的动作，播放历史影像资料，运动数据分析等。体育课堂教学除了可以用图片、视频直观地展示一些音像资料外，体育教师还要学会运用三维立体技术制作出人体在运动时的动作运行轨迹，这样的技术融入课堂教学可以使学生更直观地获得在运动的过程中身体的动作顺序，加深对动作的理解，形成更直观的感受。现代教育技术的发展为体育教学提供了许多辅助工具，体育教师要加强相关知识的学习，学会使用这些工具，提高教学水平和能力，促进专业发展。

第三节　高校体育教师资源的培养与管理

一、传统体育课程对教师角色定位

角色是指处在一定社会环境中，承担特定社会责任，履行特定社会义务的社会人群。"角色意识"对人的角色活动具有支配和调节作用，我国传统体育教师形象可以概括为：传统体育教师无条件地接受课程内容、教学大纲、计划，无权开发、选择教学内容；传统体育教师是一桶水——知识灌输者的形象；传统体育教师是园丁——"技术熟练者的形象"；传统体育教师在体育教学评价过程中占主导地位。

以上传统的体育教师角色基本停留在 20 世纪 80 年代的水平上，这势必造成与新课程标准下体育教学发展的不协调，对体育教学实践产生阻碍作用。

二、新课程对体育教师定位

体育不仅促进学生身体健康水平的提高，而且有利于培养学生良好的个性心理品质和与人交往、合作的能力，促进学生的全面发展，这必然要求体育教师对自身担任的角色重新进行定位。

（一）由知识、技术的传授者转化为学生发展的引导者和促进者

传授体育的基本知识、基本技术、基本技能一直是我国传统体育教学的主要任务，教师在这样的体育课中一直扮演着知识、技术的传授者的角色。传统的体育课不能引起学生的兴趣，主要原因是教师将自己的角色只是定位在体育知识、技术的传授者上，从而使教师与学生形成了两个对立的面。体育教师作为知识、技术的拥有者，有很大的权威性，而学生只是被动接受这些知识、技术。

新一轮的体育课程改革要求体育教师要将自己的角色定位在学生学习的引导、促进上，而不单单是知识、技术的传授上。教师要从教学中的主角转向"平等中的首席"，从传统的知识传授者转向现代的学生发展的促进者。因为学生素质的形成是一个主体的构建过程，不是在整齐划一的批量加工中能完成的，而且学生的身体素质、体育基础、兴趣爱好等都各不相同，对体育知识、技术的理解和掌握也不尽相同。如果教师以同一标准去对待每一位学生，不管学生能否接受，最终的结果只能是培养出一批没有个性和创新能力的学生。教育的目的在于促进学生的发展，而教学的目的则在于促进学生学习。学习是学习者心理倾向和能力相对持久的变化，是学习者自身的变化，教师在这一过程中的职责是怎样促使学生的学习发生，并帮助学生确定适当的学习目标以及达到这一目标的最佳途径。作为一名新时期的体育教师，要正确理解现代教育教学的基本理念以及新课程标准的精神，在体育教学的实际进程中给学生以帮助，促进其真正学习的发生，体育教师不仅要参与到学生的体育学习活动中，而且要成为学生体育学习的引导者、促进者。当学生进行练习时要积极地观察，实地感受学生的学习情况，并对学生的学习情况给予必要的帮助与指导，与学生一起分享他们的情感体验和成功喜悦。在这样的教学环境下，学生的自主学习性

会被充分调动起来，学生的学习将会进入最佳状态，他们会在不知不觉中全身心浸润其中，充分享受体育运动带给他们的汗水与欢乐、挫折与成功，并在潜意识里将学到的知识、技能和方法消化吸收，融会贯通并加以掌握。

（二）由管理者转化为学习活动的设计者、组织者、参与者

在传统的体育课中，体育教师经常扮演的是管理者的角色，因为以往对一堂体育课的评价主要是看这堂课秩序如何，组织是否得当。如果这堂课上得稍微活跃一点，课堂秩序不是特别好，那教师就会被认定为"组织能力不强"。事实上，学生喜欢的是课堂管理宽松，能与学生平等交流的教师。而且课堂是学生的课堂，学生才是课堂的主人。教师在课堂中只是作为一名组织者、参与者。因此，作为一名新时期的体育教师，在教学中应少一些威严，多一些尊重，要以学生为主体，树立面向全体学生，以促使学生全面发展为本的现代教育观，引导学生积极参加体育锻炼，培养学生的体育兴趣、习惯和体育实践能力，使学生终身享受体育的乐趣。

体育教师不但要扮演好组织者的角色，还要成为新课程的设计者。一堂体育课上得成功与否，依赖于体育教师对课的精心设计。因此，体育教师必须学会设计教学活动，这种教学设计活动也并非是随意想出的，而是要求体育教师必须根据学生对生活的体验加以反思，而且要贴近学生生活，根据学生的发展要求并结合现代社会发展的实际，在课程内容上更注重娱乐性、趣味性和健康性，在思想上注重培养学生终身接受体育的思想。使学生能切身感受到这些知识、技术在他们日常生活中能用得上，以提高学生的学习兴趣，唤醒他们身上已有的生活体验，从而使课堂教学更富有生活情景，更利于学生的健康发展。

（三）由"教书匠"转化为教学的研究者

现代社会的飞速发展对教育提出了更高的要求。教师只作为传统的"教书匠"将不能适应时代的发展。因此，教师角色转变的另一个重要变化就是教师还必须成为一名研究者，这里的研究者是指教学实践研究，而非专业性的学术研究。苏霍姆林斯基说过："如果你想让教师的劳动能够给教师带来乐趣，使天天上课不至于变成一种单调乏味的义务，那你就应当引导每一位教师走上从事研究这条幸福的道路上来。"① 事实上，每一位教师都有能力对自己的教学行为、教学理念加以反思、研究与改进，提出最贴切的改进意见。而传统的教学活动与研究活动是彼此分离的，体育教师的任务是教学，对体育课程的研究则是专家的权利，这种教学与研究的脱节对教师和教学的发展都是不利的。课程的具体实施者是教师，只有教师才能真正地感受到教学应"如何教""教什么"，教学过程中出现的问题应如何解决。因此，为适应新课程的基本要求，真实体现新课程所蕴含的新理念，体育教师应尽快转变角色，从传统的"教书匠"转化为体育与健康教学的研究者，经常对自己的教学实践进行深刻的反思，并以自己的教学活动作为研究对象，以一名研究者的身份置身于体育与健康教学活动中，用研究者的眼光审视和分析教学理论和教学实践中的各种问题，并对出现的问题及时进行分析、研究，总结经验，以便使其形成规律性的认识。

（四）由课程执行者转化为课程开发者

以往传统的教学中，教师只是作为大纲的执行者。因此，教师只有大纲意识、教材意识，而对课程的意识则十分淡薄。体育教师对于传统的体育课来说，只有选择"怎样教"的权利而没有选择"教什么"的权利，体育教师在课中考虑的就是怎样将大纲里的内容有效地教给学生，为此，传统的体育课缺少特色，

---

① [苏] B.A.苏霍姆林斯基; 周蕖,王义高,刘启娴,董友,张德广译; 申强校.给教师的建议 [M].武汉：长江文艺出版社,2014.

新一轮基础教育课程改革，将课程意识提到了重要位置。新课程倡导民主、开放、科学的课程理念，确立了"三级课程"管理体制，这就要求课程必须教学相互结合，教师不能只成为课程实施中的执行者，教师更应该成为课程的建设者和开发者。课程是由教师、学生、教材、环境四个因素组成。这四个因素都有各自的独立性，它们在相互整合中形成了各种不同的风格，应该说有多少所学校就有多少种课程，有多少个班级就有多少种课程。

新课标理念下的体育课程应该呈现出千姿百态的风格，因此，体育教师必须以研究的眼光审视自己所进行的教学实践，改变作为教学大纲与教材的忠实执行者的角色，对体育课程进行积极的开发和利用。创建符合本校发展并富有特色的项目组织教学，构建学校的体育传统特色优势项目，并使其成为学校的品牌。体育教师不但要学会创造性地利用一切可用资源为教学服务，还应该成为学生利用课程资源的引导者，引导学生走进课堂和学校，让学生体验课程、分享快乐。

📖 三、新课程不同目标对体育教师的要求

《义务教育体育与健康课程标准（2022 年版本）》没有规定具体的教学内容和要求。也就是说，改变了传统的按运动项目划分内容和安排教学时数的方式。《义务教育体育与健康课程标准（2022 年版本）》是根据素质教育的要求和体育课程目标，从身体—心理—社会适应的三维健康观及体育的特点出发，参照国外体育课程发展的趋势，吸取我国体育课程建设的经验教训，将体育与健康课程学习的内容划分为运动参与、运动技能、身体健康、心理健康与社会适应五个学习方面。这五个方面实际上由两条主线构成：一是运动主线，包括运动参与和运动技能；二是健康主线，包括身体健康、心理健康与社会适应。也有专家认为，所谓两条主线的说法只是一种表述方法，或者是一种观察角度，

这可以从两个不同侧面去观察课程：一是从运动层面上观察；二是从健康层面上观察，但课程都是一个统一体，否则，就会把体育与健康分割了。以前人们所认为的健康就是身体没有病，这只是表面意义上的健康。联合国卫生组织给健康下的定义是："健康，不仅是指没有疾病或虚弱，而且是指身体、心理和包括社会适应在内的健全状态。"也可以这样认为，健康必须具备身体健康、心理健康和良好的社会适应能力三个要素，这三个要素缺一不可。

《义务教育体育与健康课程标准（2022年版本）》中的四个学习领域构成了体育与健康课程的内容体系，是一个有机联系的整体，各个学习领域都不能脱离而独立存在，其中运动参与、运动技能学习领域是总目标的分解与细化中的两个部分，是相互依赖、紧密联系的目标集合中的一部分；心理健康与社会适应学习领域的目标没有独立的实体内容来实现，是依附于运动过程中实现的。教师不应单纯地通过知识教育的方式去讲授身体健康、心理健康和社会适应等领域的相关内容，应通过运动技能的教学和鼓励学生积极参与体育活动的方式去实现上述三个学习领域的目标。对于课标的四个学习方面，可以理解为，参与是学习的前提，也是载体，如果不参与，怎么能学会技能，掌握技能必须是在参与的情境中完成的；而学会技能的目的是利用所学会的运动技能去锻炼身体，来达到身体上的健康。"三维健康观"要求教师在引导学生学会技能的同时，还要对学生进行思想品德教育，培养他们健康的心理素质；现代社会是在不断进步的，还要培养学生良好的社会适应能力，对于健康这条主线上的三个要素，身体健康是基础，心理健康是前提，社会适应是升华。

教育艺术的本质不在于传授本领，而在于激励、唤醒、鼓舞。不管怎样去完成一堂体育课的教学，都要倡导建构的学习，改变课程实施过于强调接受学习，机械训练的现状，关注学生的个体差异和需求，倡导学生主动参与，乐于探究，勇于实践，培养学生获取新知识的能力，分析和解决问题的能力以及交流与合作的能力。这也是实施体育与健康新课程标准的意义所在，通过四个方面的学习，形成体育与健康的意识，养成良好的体育锻炼习惯，真正实现身体、心理、社会的整体健康目标。

1986 年，美国卡内基教育和经济论坛发表了《明天的教师》的报告，要求建立三级教师证书制度以保证教师的专业化水平。至今，教师专业化已成为全世界性潮流。任何一个专业，没有专业性、没有不可替代性，是不会受到社会高度重视的。体育教师社会地位不高，其根本原因在于体育教师职业的专业化程度不高，不可替代性不强。同时，促进体育教师的专业发展也是体育课程实施的关键所在，提高体育教师实施新课程的兴趣和能力，是体育课程改革成功的重要保证，因此，走体育教师"专业化"道路是促进体育教育事业改革与发展的关键，是提高教师专业地位的内在动力。

📖 四、体育教师专业发展的主观途径

（一）构建专业发展支点，明确专业发展方向

在教师专业化发展中，教育资源的合理配置，教育诸要素的相互作用都发挥着作用，尤其是体育教师的教学理念、自我反思、教育科研、课外指导能力等更是促进其教师专业化发展的坚实支点。

体育教师要正确分析体育教育教学环境和趋势，正确认识自身的素质优势，定位自己的发展目标。实践证明，一个人的发展能否获得预期的成功，很重要的一个环节就是对自身的充分认识，自身处在一个什么样的环境中，这个环境给自己一个什么样的发展空间，体育教育教学改革的发展走向是什么，自身的优势在哪里，只有正确认识自身专业发展的支点，奠定自我发展成功的基

础，才有自我发展的动力和方向。

同时，教师要积极学习现代教育教学理论，把握有关教育教学的最新理论动态，对自己所从事的事业领域有规律性的认识，具有超越于事物发展现状的前瞻意识。教师的专业发展在很大程度上取决于自身的理论素养，没有理论指导的实践是盲目的实践，教育事业的成就在于教育理论和教育教学实践的创新，而不是对既有成果的佐证与阐释，只有对自己的专业领域具有规律性把握和前沿的理论研究，并结合具体的教育教学实践，才能使自己的专业发展具有踏踏实实的理论支撑和明晰而正确的目标。同样，一名教师的专业发展如果上升不到理性的高度，那对教育的探索就会停留在感性阶段。

（二）勤学苦练，不断夯实专业基础

体育教师是学校体育的组织者，其主要任务就是体育教学，作为一名体育教师，首先，要具备体育基础理论知识、最基本的运动技术技能知识等体育学科专业知识；其次，为了成功地完成体育教学工作，体育教师必须系统、全面、透彻地了解本领域的相关知识，同时也为科研打下牢固的理论基础。

体育教师只有系统、透彻地掌握体育学科专业知识，才能在教学实践中把握教学内容，并能根据学生个体的不同特征合理有效地选择、处理教材，才能使知识不单以符号的形式在教学中出现，也使学生能够扎实、全面地掌握体育知识和各种技能、方法，同时，"活化"知识，展现知识的无限生命力，在教学中真正实现理论和实践、知识和人生的统一。

体育教师最特殊的特点是由体育学科的特殊性来决定的，那就是体育课的知识特性——操作性知识，即运动技术。体育教师实践是在一个开放、动态的教学环境中进行的，不仅需要系统的学科理论知识，而且需要有熟练掌握体育运动技术、技能的健康体魄。理论与技术并重是体育学科的特点，理论知识的学习能够提高对体育科学和运动技术能力的认识，能够掌握体育科学的基本原理和方法，并能运用于实践，而技术技能的学习与掌握又加深了对理论知识的理解，有益于理论知识的进一步提高，理论与技术技能学习的有机结合，是体育教师获得体育学科专业知识最有效的途径。所以，体育教师只有勤学苦练，不断地夯实自己的专业基础，才能把握体育技术的发展规律和教学特点，成为一名合格的体育教师。

（三）与实践相结合，不断进行反思与总结

教学实践是体育教师专业化成长的基本途径之一。知识使用的核心问题是将知识有效地运用于实践。教学实践经验不仅能巩固教师原有的知识，也可以为教师提供获取和创新知识的机会。体育教师专业的本质特征是"实践"，教师所有知识最终服务于专业实践。

教学实践智慧不同于理论知识或技术知识那样将某些普遍的、固定的原理、规则运用于对象，而是要在具体的实践活动过程中来完善自我、实现自我。"实践是检验真理的唯一标准"，体育教师通常会在实践中检验教学理念和方法，正是通过实践，他们才能亲身经历去发现身边的问题，并且积极地去解决问题，积累经验，形成实践智慧。

教师是反思性实践者，在体育教育实践中提倡反思，形成体育教师反思性实践活动可以有效地推进体育教师专业化发展。反思是教师着眼于自己的教学活动过程来分析自己做出某种行为、决策以及所产生的结果的过程，是一种通过提高参与者的自我觉察水平来促进能力发展的手段。

体育教师对教学理论的理解包括两种主要的理论成分，即"所提倡的理论"和"所应用的理论"两种，而在实际的教学过程中，这两种理论往往存在不一

致性；另外，在体育教学中还会出现体育教师行为与期望的不一致性，而反思的重要作用恰恰就是让体育教师看到这些不一致性，进一步改进教学。另外，促进因素是否对教师的专业发展产生影响以及影响的程度如何，还是取决于教师是否有反思、反思的指向和反思的深度，取决于教师的自我专业发展意识，反思帮助教师把经验和理论联结起来，从而更加有效地运用自己的专业技能；没有反思，教学将只建立在冲动、直觉或常规之上。只有经过反思，使原始的经验不断地被审视、被修正、被强化，这样经验才会得到提炼、得到升华，从而成为一种开放性的系统和理性的力量，唯其如此，经验才能成为促进教师专业发展的有力杠杆。

📖 五、体育教师专业发展的客观途径

（一）教师继续教育培训

当今世界，各国纷纷把教育提升到社会发展的战略地位，并延长了基础教育阶段的年限。教师是基础教育改革和发展的关键性因素的观点越来越引起人们的关注，教师专业化也逐渐成为涉及教育目标的一个重大问题。进入 21 世纪以来，随着我国教育改革的日益深化，体育教师继续教育培训主体单一化的局面正在改变，逐步向教育学院、师范院校、省市区（县）教研机构、在职学校，甚至综合性大学等多元主体方向发展。

在我国，教师教育已经取得了一些成绩，教师专业发展正受到中小学教师的广泛关注，当前的新教师观认为，教学是一项专业性的工作，教师是持续发展的个体，可以通过不断的学习与探索来拓展其专业内涵，不断生成教育智慧。把促进教师专业发展，切实提高教师专业化水平看作是教师继续教育的出发点和归宿，强调通过继续教育，使教师树立自我发展的意识，实现教师的可持续

发展。可见，教师继续教育所追求的目标不仅要提升教师的教育教学能力、更新教育观念，更要考虑发挥教师的潜能和创造性，唤起、激活和弘扬存在于每个教师心中的教育理想、信念、智慧，让每个教师主动地去理解教育，在实践中对教育意义主动探索，提升教师教育责任感和理论思维能力，促进教师自身的全面、健康发展。应建构我国体育教师教育一体化的运行机制，形成大学教育与继续教育相结合、培养与培训相统一的新体系，统一规划设计培养目标、培养模式、课程设置、教学内容、教学手段，推进我国体育教师教育一体化进程。从而提高体育教师队伍的专业素质和整体水平，深化教育改革。

近年来，一些教育主管单位创新实施以"高校＋地方教育培训机构＋教师工作室，理论＋实践，知识＋能力"为主要内容的复合式教师培训模式，呈现开放、体验、按需、重能力培养的复合式教师继续教育培训特色。在这个培训体系中，高校负责理论培训和专业引领，促进工作室主持人与骨干教师的共同成长；体育教师工作室负责体育骨干教师的实践培训，侧重经验分享和体育教育教学实践；市县培训机构负责高中体育教师工作室的业务管理与地方课程培训。通过实践复合式培训，参加培训的教师真正实现理论功底有新提高，知识更新有新成效，技能水平有新突破。

继续教育也是终身教育，是一个永远不会终结的过程，不断学习体育教育教学的新理念、新思想、新观点、新教法，将使体育教师的自身专业能力及业务素养在继续教育中迅速得到提升。

（二）参加各种学术交流，提高专业素养

对学术交流的作用，普遍理解为信息的交流。就教育系统而言，比较多的认识是学术交流有交流信息、开阔视野、掌握新知的作用。学术交流是体育教学科研工作的组成部分，是专家向同行发表自己的研究成果，得到评论和承认

的团体活动，是研究者学术生涯的一种生活方式，也是人类知识生产力的一种生产方式。通过与专家、学者和同行之间的思想接触，学术交流，自由争辩，可以沟通情况，取长补短，相互促进，共同提高，使认识得到发展，从而有可能产生新的认知，开辟新的研究和实践途径。

在学术交流中，教师思想的"碰撞""科学要素之间的相互作用""不同来源的思想的相互作用"，可以激发出灵感的火花。灵感是人类创造性活动中的一种复杂的精神现象，灵感来源于人们知识和经验的沉积，启迪于意外客观信息的激发，产生"额外的"科学新成果，这才是学术交流作用的关键与本质，是学术交流成为一种科学活动、成为人类知识生产力的一种生产方式、成为研究者学术生涯的一种生活方式的关键所在。学术交流活动活跃，学术交流气氛浓厚，将带来体育教师专业发展的提升。有条件的教师应该多参加这类会议，以此开阔眼界、增长见识，了解、学习他人的长处，提升自己的水平。所以，学术交流是"原始性创新源头之一"，也是教师科研创新的条件和动力之一，同时还是提升教师团队科研能力的重要措施之一。

（三）开展学校体育科学研究和教学研究

体育教师队伍的成长和发展需要途径、载体和契机。教师要继续坚持以校本教研为途径，以研究活动为载体，研训结合，创造发展契机，使体育教师在参与和体验中实现成长和发展。

其一，要继续以主题教研为途径，积极创新教研活动形式、丰富活动内容，增加活动内涵，提高活动实效，在开展主题教研活动方面进行积极的探索，逐步形成主题教研活动学术性、研究性、实效性和开放性特色。

其二，在开展好学校主题教研活动基础上，充分利用各级各类教研途径，积极参与教研和教师培训活动，形成以校本教研为主，校内外教研与培训相结合的教研与培训途径，使更多的教师有更多的机会参与到各层次的教研活动中，实现发展目标。

其三，结合教研活动的开展，定期举办青年体育教师教学基本功比赛、优质课评比、研究课、示范课观摩、教学能手评选等活动，让教师通过多种途径得到锻炼，获得成长体验，促进教师发展。

（四）网络远程教育

21世纪，人的观念日新月异，社会的发展需要懂知识、能操作、善合作、会生存的人才，这种需求也不断地激励着人们要继续学习以丰富知识、积淀文化。随着信息化、学习化社会的形成和知识经济时代的来临，教育正在经历深刻的变革。由于计算机及网络技术的迅速发展，为远程教育开辟了新天地，这种模式是现代远程教学技术与多媒体教学手段的有机结合，是一种新的人才培养模式，提高了人们接受教育的自主性，为终身学习、自主教育和高等教育大众化创造了条件。网络远程教育打破了传统教育模式时间和空间条件的限制，是教育培训功能的一种延伸。由于其教学组织过程具有开放性、交互性、协作性、自主性等特点，所以说网络远程教育是一种以受训者为中心的教育形式。通过网络课堂，一线教师有了听专家、名师讲课的机会；通过在线培训，教师有了业余时间自修深造的机会，为教师提供在多种时间、地点、环境下进行学习的选择，使有限的教育资源辐射到更多的学校和地区，使学习教育人性化。

总之，体育教师的专业化不仅是社会发展与社会分工的需要，而且是与终身教育及终身体育的发展趋势相契合的。顺应世界体育教师培养的发展趋势与潮流，是我国体育教师教育改革的努力方向。体育教师专业化是深化学校体育改革的建设路径，走教师专业化之路，不断提高我国基础教育中体育教师的专业化水平，是新世纪我国学校体育改革和发展的必然趋势。

第四章　高校体育课程资源的开发与利用

第一节　体育课程资源开发与利用的意义

📖 一、体育课程与教学资源的概念

资源多用来指生产资料或生活资料的天然来源，如地下资源、水力资源或旅游资源，还有近年来报纸和诸多媒体出现较多的人力资源。资源也可以被认为是人们利用来创造社会财富的一切有形和无形的客观存在。

（一）课程资源的概念

就学校教育范畴来讲，体育课程如同其他课程一样由课程目标、课程内容、课程实施和课程评价四个要素组成。

课程资源是指课程要素来源以及实施课程的必要而直接的条件。从课程资源来源的空间结构来看，课程资源的结构包括校内课程资源和校外课程资源。校内课程资源，除了教科书以外，还有教师、学生不同的经历、生活经验和不同的简历、学习方式、教学策略等都是非常宝贵、直接的课程资源，校内各种专用教室和校内各种活动也是重要的课程资源。校外课程资源，主要包括校外图书馆、科技馆、

博物馆、网络资源、乡土资源、家庭资源等。就课程资源的概念而言，也有学者根据课程资源的功能特点，将其分为素材性课程资源与条件性课程资源，并进一步把课程资源的概念分为广义和狭义两个层面。广义的课程资源是指有利于实现课程目标的各种因素，狭义的课程资源仅指教学内容的直接来源；按空间分布和支配权限分为校内课程资源与校外课程资源，凡是学校范围内的课程资源就是校内课程资源，超出学校范围的就是校外课程资源；还可以根据其他的角度划分为社会资源与自然资源，人力资源、物力资源与财力资源，纸质资源与电子声像资源等。由于划分标准多样性，定义也就不同。校内课程资源可以包括素材性课程资源和条件性课程资源，校外课程资源也同样包括素材性课程资源和条件性课程资源。

（二）体育课程资源的概念

关于体育课程教学资源的概念，目前并未达成一致的认识，不同的学者有着各自不同的理解。谢静月认为，体育的教学资源是指有体育学科意义的教学信息的来源，或者指一切对体育教学有用的物质和人力与信息。根据其使用范围，体育的教学资源大致可以分为人力资源、体育设施资源、运动项目资源、媒体资源、校外资源、自然环境资源六种。

徐继存等认为，课程资源是课程设计、实施和评价等整个课程编制过程中可资利用的一切人力、物力以及自然资源的总和，包括教材以及学校、家庭和社会中所有有助于提高学生素质的各种资源。课程资源既是知识、信息和经验的载体，也是课程实施的媒介。[①]

体育课程资源是一个全新的概念，有学者对体育课程资源的概念进行了界定。如刘贺认为："体育课程资源是体育课程设计、编排、实施、评价等整个

---

① 徐继存，段兆兵，陈琼. 论课程资源及其开发与利用 [J]. 学科教育，2002(2)：1-5，26.

体育课程发展过程中可以利用的一切人力、物力及其他资源的总和，是实现体育课程目标的基石。"①而陈连珍指出："体育课程资源是指整个体育课程的编制过程中，有利于实现体育课程目标所开发的一切人力、物力以及自然资源的总和。"②

潘绍伟教授等认为，体育课程资源是一切能够支持和拓展体育课程功能的事物的总称③。广义的体育课程资源指有利于实现体育课程目标的各种因素；狭义的体育课程资源仅指形成体育学习内容的直接来源。具体来说，体育课程资源是体育课程设计、实施和评价等。整个体育课程与教学过程中可利用的一切人力、物力以及自然资源的总和，包括教材、教师、学生家长以及学校、家庭和社会中所有利于实现体育课程目标，促进体育教师专业成长和学生有个性的发展的各种资源。

（三）体育课程与教学资源开发的概念

《教育大词典》中指出，教学资源是指在教学过程中支持教与学的所有资源。

张映姜指出，教学资源可分为人类资源和非人类资源④。人类资源包括教师、学习小组、课外活动小组、旅行小组、课外辅导员、家长、社会成员等。非人类资源包括各种媒体和各种教学辅助设施。传统媒体有粉笔、黑板、印刷媒体、实物、实物模型、挂图等。现代媒体有投影仪、幻灯片、电影、电视、语言实验室、计算机网络、视盘等。此外，还有各种社会教育机构，如图书馆、博物馆、少年宫等。

田鸣指出，教学资源是指那些可供教学活动利用的一切事物，包括物质的

---

① 刘贺. 对学校体育课程资源开发利用的探讨 [J]，浙江体育科学，2004（3）：47.
② 陈连珍. 体育隐蔽课程资源的开发机理研究 [J]，吉林体育科学学报，2004（2）：33.
③ 潘绍伟，于可红. 学校体育学 [M]. 北京：高等教育出版社，2008：170.
④ 张映姜. 关于新课程标准下教学资源的思考 [J]. 湛江师范学院学报，2004（4）：65.

或精神的，校内的或校外的，有形的或无形的资源。教学资源的概念有广义与狭义之分①。广义的教学资源指在教学系统中支持整个教学过程达到一定目的，实现一定功能的人、财、物、教学组织及管理等全部资源。狭义的教学资源是指教学过程中的物化资源，包括教材、教参、教学挂图、影碟、光盘等文献资料资源；标本、模型、构件、实验与生产实习设备等物质资源；互联网、视频设备及资料、语音室等现代媒体资源；教学楼、图书馆、运动场、实习工厂（场）等设施资源等。

合理配置和开发教学资源以期获得最大教学效益，是各级各类学校管理者都在努力探究的问题，而教学方法往往是决定教学资源合理配置的重要因素。体育课程与教学资源的开发指教育者或受教育者在体育教学中，在教学目标的引领下，遵循教育规律，结合实际，有效地挖掘或创设支持体育教学活动的各种资源。

📖 二、体育课程与教学资源的特征

体育课程作为学校教育的一门重要课程，不仅具有一个学科课程的基本特征，更具有同其他学科课程资源截然不同的特征。

（一）客观性

从历史唯物主义的角度分析，资源本身就是一种客观存在。体育课程教学资源就是指客观存在的各种事物作用于体育教学本身。体育课程教学资源根据不同的条件有不同的表现，这未必是规范的、系统的、专门化的，而是根据人的能动作用使之彰显出来。但不能一味地夸大人的主观能动性，让体育课程教学资源无中生有，令其违背客观性。

---

① 田鸣.项目教学法中教学资源合理配置的研究与实践[J].辽宁高职学报,2008（10）：44,1.

（二）潜在性

体育课程资源同其他一切功能性资源一样都具有潜在性。例如，NBA 大量的篮球信息和互联网上大量的职业足球信息，这些不是现实的课程要素和条件，必须经过体育课程实施主体自觉能动地加以赋值、开发和利用，才能转化成现实的体育课程成分和相关条件，发挥其在体育课程中的作用和教育价值。相对于现实的体育课程和体育课程实施条件来说，体育课程资源是一种"自然"因素，必须经过主体的积极实践活动，将其服务于教育目标，才能进一步开发和利用。需要指出的是，体育课程资源的潜在性是以含有课程潜能为前提的，即体育课程资源是"可以开发的"。

（三）多样性

体育课程资源的"客观状态"具有多样性。例如，在新课程标准实施中，游戏作为一种思路和服务与教学目标的手段，被一批一线教师接受。又如，民间游戏"跳房子"作为地方文化的一种，其在不同地域、不同时代，构成形式和表现形态也各异；由于学校层次、规模、传统以及教师素质和办学水平不同，"跳房子"可供开发和利用的体育课程资源亦不同。

体育课程资源开发利用形态具有多样性。在教育活动中，不管是教育者还是受教育者，不同的主体，各自存在不同的人生经历、学识水平及教育观、课程观等，势必导致对体育课程资源筛选和评价的不同，从而形成体育课程资源开发利用形态的多样性。

体育课程资源的功能具有多样性。体育课程资源是为实现广泛的课程目标服务的，因而体育课程资源实现的课程目标也是多样的。

（四）动态性

一个地区的体育课程资源在一定时间内总有一定的限度，但这个限度又具有很大的伸缩性。例如，对于田径模块来讲，体育教师在教学过程中如何选择教学内容就必须充分考虑学生的兴趣因素、自然环境、经济水平、民族文化和社会条件等。又如，任何一个运动项目竞赛规则的变化，都影响着体育课程资源的客观存在和动态发展。在不同的历史阶段，体育课程资源的内涵、外延及内容不同，其本身有一个与时俱进的发展过程。

可见，体育课程资源是一个与社会资源系统、人的主观价值系统和开发条件等动态适应的子系统，因而不同主体在不同情境下开发利用的体育课程资源是不同的。

（五）多质性

同一资源对于不同课程有不同的用途和价值。同理，同一体育课程资源对于不同的体育课程实施的具体要求，可以具有不同的用途和价值。同样一张篮球赛光盘既可用来观赏，又可以用来讲解篮球战术，也可以用来进行团队精神的教育。这种多质性要求教师要善于发掘体育课程资源的多种利用价值，使体育课程资源的潜在价值得以充分发挥和体现。

在体育经费紧张、一些硬件配套设施缺乏的情况下，可以通过提高教师的课程资源意识充分挖掘和利用课程资源。一个体育课程资源的多重教育功能，可实现现有体育课程资源的最大价值。

（六）间接性

有相当一部分体育课程教学资源在课程设计之前已经存在，属于潜在资源。这种潜在资源通过人为因素可以转化为现实资源成为教学资源的现实条件，其教育性不像直接资源那么明显直接。只有把体育课程资源中的直接因素和间接因素尽可能地交织在一起，经过筛选、融合、转化，才能成为有利于体育课程实施的教学资源。

📖 三、体育课程与教学资源的分类

面对多种多样的课程资源，体育教师和学生如想选择与课程目标和课堂教学目标吻合的课程资源，就需要对体育课程资源按照某种标准分门别类。

（一）按照课程资源的功能分类

根据课程资源的功能，把体育课程资源划分为素材性体育课程资源和条件性体育课程资源两大类。素材性体育课程资源是指组成体育课程材料的基本来源，如体育理论知识，各种球类的技、战术，体育教学组织方法、练习方法，体育经验等；条件性体育课程资源是指体育课程实施的基本条件，其特点是作用体育课程却并不是形成体育课程本身的直接来源，但在很大程度上决定体育课程实施的范围和水平，如体育教师、学校体育设施、学校周围的环境等。

体育教师在课程实施过程中的许多体育课程资源往往既包含着体育课程的素材，也包含着体育课程的条件，如体育场馆、体育器材与设施、人力资源和自然环境等资源。

（二）按照课程资源的空间分布分类

根据课程资源的空间分布，把体育课程资源划分为校内体育课程资源和校外体育课程资源。校内体育课程资源包括人力资源和各种体育设施、器材等；校外体育课程资源是指学校以外的体育课程资源，主要包括学校所在社区，但也可指整个社会中各种可用于体育教学活动的设施和条件以及丰富的自然资源。校内体育课程资源是实现课程目标，促进学生全面发展的最基本、最便利的资源。因此，校内体育课程资源应该占据重要地位，校外体育课程资源则更多地起到辅助作用。

（三）按照课程资源的表现形式分类

根据课程资源表现形式，体育课程资源可分为显性体育课程资源和隐性体育课程资源。显性体育课程资源是指那些看得见、摸得着，可以直接运用于体育教学活动的体育课程资源，如体育场馆、体育教材、雪山、草地、游泳池、空气、阳光等自然和社会中的实物，作为实实在在的物质存在，可以直接成为体育课程教学的便捷手段或内容，相对易于开发和利用。

隐性体育课程资源是指以潜在的方式对体育课程教学活动施加影响的体育课程资源，如体育民族精神、团队精神、师生关系等。对学生影响最深刻，且最直接的隐性体育课程资源就是体育教师的操守与人格魅力等。与体育显性课程资源不同，体育隐性课程资源的作用具有间接性和隐蔽性的特点，它不能构成对体育课程教学的直接影响。所以，体育隐性资源的开发需要付出更艰辛的努力。

（四）按照课程资源的系统分析观点分类

根据课程资源系统分析观点，把体育课程资源视为一个系统进行考察，这一系统可分为体育课程思想、知识资源、人力资源和物力资源四个子系统。

综上所述，体育课程资源既不同于一般社会资源，也不是现实的体育课程成分或运作条件，而仅仅是一种潜在形态。只有经过体育课程实施主体自觉能动地开发、利用和管理，才能具备体育课程潜能，进而转化为体育课程或课程实施的组成部分。为此，只有在对体育课程资源加以明确界定和把握其特征及分类的基础上，才能准确地对客观、原生的资源赋值，也才能够对体育课程资源进行深度有效的开发和利用。

第二节　体育课程资源开发与利用的途径

📖 一、体育课程与教学资源开发与利用的意义

（一）有利于激发学生学习体育的兴趣

体育课程所具有的独特性质，使其拥有丰富的课程资源。现代体育教育理念大力提倡家庭体育、社会体育和学校体育为一体，由"绿色体育""阳光体育""社区体育""野外生存生活训练"等课程构成，以其形象、具体、生动、活泼和学生能够亲自参与等特点，给予学生多方面的信息刺激，加之许多内容贴近学生、贴近生活、贴近社会，丰富了体育课的内容和情趣，使学生能够在较轻松的学习活动中掌握知识技能。生动的课程教学资源无疑将会激发学生的体育兴趣，这是传统单一的课程教学资源所无法比拟的。

（二）有利于促进教学策略的根本转变

近年来，教学策略的转变体现在人本主义与认知结构理论的学生自觉学习取向，即在教师引导下学习。而体育的教学资源首先应该是为学生服务的，在丰富的教学资源、学生的学习过程、学习方式、学习能力培养等方面所产生的影响最有意义。

1. 为学生提供体育学习的材料，有利于达成学习目标

过去，学生完成体育课的任务大致过程如下：利用体育课从老师那里"听"或者"看"—完成老师布置的课堂练习—掌握知识或技能。如果学生课上掌握不了，还想进一步学习，下课以后他们可能就不再有机会，因为教师的授课常常是一次性的。在某种程度上，可以说是传统教学的一个弊端，忽视了如果学生没有掌握学习的内容，教师是否能给学生提供有效帮助的问题。有效帮助的途径之一就是给学生提供丰富的教学资源，由于体育课程具有健身性、挑战性、终身性的特性，因此，学生随时方便地使用充足的教学资源就显得尤为重要。

2. 为学生提供丰富的教学资源，改进学生的学习方式，提高体育学习的效率

为学生提供丰富的教学资源，不仅可以帮助学生完成教学任务，更深刻的意义在于逐渐培养学生独立学习的意识、能力和习惯。学生在体育课上学习练习的机会是有限的。课上他们没有掌握的知识与技能，课后他们完全可以重新学习一遍，实际上是他们经历了一次自主学习的过程，这种自主学习的过程如果没有充足的教学资源做后盾，是很难实现的。除了自主学习外，教学中教师还可以利用提供教学资源的方式，指导学生学习新知识，掌握新技能。在我国近 20 年的学校体育改革中出现的快乐体育、探索学习、合作学习、课内外一体化等教学实验就是从让学生直接从利用体育教学资源入手，不再依赖教师和教材，成为有一定独立学习能力的人。

（三）有利于激发学生学习体育的兴趣，便于发展体能与运动技能

随着人类期望寿命的延长和余暇时间的增加，终身体育的问题也日益引起社会的重视。20 世纪 70 年代初期，英国就提出要培养学生终身进行体育活动

的兴趣和能力。日本也强调体育是贯穿人一生的生活内容，并制订了一系列计划方案。体育已是一些政府提高国民身体素质的重要措施，学校体育应担负起为终身体育奠定基础的重任。

当学校体育构建内容体系的时候，更多地将学生的发展放在中心地位，逻辑的起点不是要求学生应掌握什么，体育科学知识供其考试来用，而应是通过体育学习学生获得了什么，对他们现在及将来生活有用的知识。学校体育目标、学校体育思维方式的转变势必引领课程标准和课程内容。

（四）有利于学生主体意识的形成和终身体育能力的培养

体育课程资源是实现课程目标的根本条件：科学、合理、创造性地开发课程资源，有利于实现和更新体育与健康课程内容，体现时代性、选择性和民族性。

1. 提高学生的综合素质及能力

有学生参与的课程资源开发不仅解决了场地器材问题，还提高了学生的实践能力，有利于突破学科界限，提高学生的综合素质，发挥体育在素质教育中的特殊作用。

2. 提高学生体育兴趣，为终身体育打下了基础

一般来说，学校体育是终身体育的基础，只有保持和激发学生的运动兴趣才能使学生自觉、积极地进行体育锻炼。学校在课程资源开发过程中一改以往由教师一人独揽变为学生主动参与，通过对比课程资源开发前后的情况，发现学生对参加体育锻炼的兴趣有了明显的变化。可见，学生积极参与课程资源开发提升了他们对体育的兴趣，最明显的变化是学生养成了经常参加体育锻炼的习惯，为终身体育打下了良好的基础。

3. 提高体育与健康课的教学质量

课程资源开发是实现学习目标的重要因素，因此，学校和教师完全可根据自己的实际情况选择不同的学习内容，采取不同的方法使学生达成学习目标。通过开发大量的课程资源充实到课堂，学生选择的空间增大，可以根据兴趣选择喜爱的项目进行学习，因而提高了学生体育学习、身体练习、身体锻炼和运动竞赛的积极性，同时也为体育教师开展创造性的教学工作提供了很大空间。

（五）有利于充分发挥各种资源的作用

加强对自然地理课程资源开发利用。我国地域辽阔、地貌千姿百态、气候变化万千，空气、河流、日光、山林等都是不需要多大成本（甚至不需要成本）的课程资源，应充分引起重视和开发。充分整合信息时代的信息优势，开发体育信息资源。对于部分信息技术欠发达地区的信息技术短板，随着国民经济的发展、办学条件的改善，信息资源在学校体育课程中将会发挥独特的作用。

总之，充分开发体育课程资源有利于充分发挥各种资源优势，有利于提高教学行为的实效，有利于实现学习目标和课程目标。

二、影响体育课程与教学资源开发与利用的因素

影响体育课程教学资源开发与利用的因素有三个：一是人的因素；二是制度的因素；三是器物的因素。

（一）人的因素

学生对课程资源开发的需求程度影响着体育课程教学资源开发与利用。在实施体育课程选项教学的教学中，学生的需求对于课程资源的开发具有极其强大的推动力。尤其是在倡导探究学习与协作学习的教学氛围中，学生也会积极投身于课程资源的开发与利用活动。学生参与体育课的积极性及热情也深刻影

响着体育教师对课程资源开发的热情程度。

教师作为教学设计者与教学的主导者，对课程资源开发的投入程度直接影响着体育课程的开发。在新课程标准下，对于教学内容和教学方法的选择是由体育教师这一角色来完成设计的。

学校领导对课程资源开发的支持程度也深刻影响着体育课程的资源开发。受片面追求升学率和校园安全责任的影响，学校等主管领导对课程资源开发的认可力度与支持力度对课程开发影响深远。目前，许多学校把校园体育设施中的单双杠、秋千、软绳等设施都移除掉，使得具有一定危险性的师生拓展项目或极限项目的开展十分困难。

（二）制度的因素

制度层面影响课程开发的因素也很多。首先是"体育与健康"课程的培养目标，其次是学校为体育发展制定的制度、政策和法规，最后是体育科组或教研室对开发体育新兴项目的态度及积极性。

（三）器物的因素

器物因素对课程开发的影响主要表现在：体育课程一般都是在特定的环境中实施的，器物条件对课程资源的开发影响很大，如在没有游泳池的学校推进游泳运动的开展困难有多大；开设体育项目的器材；体育经费投入；场地设施情况；体育教师自身素质；体育教师的数量；新兴项目开发的数量与质量。

📖 三、体育课程与教学资源开发与利用的原则

体育课程教学资源的开发与利用不是随意的，同样需要一定的原则来规范。基于体育课程资源的基本特征及类型的多样性，其开发与利用应该遵循如

下原则：

（一）优先性原则

由于社会需要学生掌握的技能与知识非常多，学校在时间与教学资源的分配上必然按照教学目标进行优先运用。例如，学校体育教育的主要目的是首先让学生得到身体的锻炼，其次是通过体育锻炼让学生心理得到健康的发展，那么，体育课程教学资源的开发与利用就必须以提高学生身体素质和运动能力为优先，发展学生其他素质为次要。

（二）因地制宜原则

在体育课程资源的开发与利用中，应该考虑本地区的文化组成、风俗习惯、人群思维方式以及当地教育局方针、学校实际条件等因素，力求做到有关体育课程资源的开发与利用可与其他教学资源相互作用、相互补充，也应该注意各方面资源的合理、高效运用。例如，在民族传统体育的教学过程中，可以借用地区已有的大众体育健身场地和器材进行教学，或邀请资深民间民族传统体育专家进校教学等方式进行学校体育教学。

（三）个性原则

体育课程资源在具有不同的地方文化、政府政策、学校、学科和教师的情况下供给开发与利用的资源是多种多样的，也是具有极大差异的。因此，体育课程资源的开发与利用必须遵循个性原则，应从各校的实际情况出发，扬长避短，积极对校本体育课程资源的开发与利用进行广泛、深入的研究。体育课程资源"校本化"开发与利用本身就是一项创造性、探究性的教学研究活动，不遵循其个性原则就会陷入经验主义、形式主义的泥潭。体育课程资源的开发和利用的"校本化"是其个性原则的充分体现。

（四）开放性原则

体育课程资源属于人类历史文明的产物，从历史性和世界性的角度来看，不但具有继承性，更具有开放性。在瞬息万变的现代社会，开放性成为社会蓬勃发展的必要因素。因此，体育课程资源的开发与利用要以开放的心态对待人类的一切文明成果，以开放的态度对其进行研究和实践。体育课程资源开发与利用的开放性主要表现为空间、类型和途径三方面：空间的开放性是指各学校、城乡、国内外等范畴，只要有利于提高教育教学质量的教学资源都应该加以开发与利用；类型的开放性是指不论以何种类型、形式存在的课程资源，只要有利于提高体育课程教学的质量，都应加以开发与利用；途径的开放性是指体育课程资源的开发与利用应该以多种形式进行，并且应该对新形式进行科学探究，而不能局限于某一形式。

（五）经济性原则

在相对于其他文化学科课程资源较少的情况下，体育课程资源的开发与利用更要突出其经济性。体育课程资源的开发与利用的经济性意味着校方以最少的人力、物力投入，而要达到最好的效果，其经济性主要表现于开支、时间、空间和学习等方面：开支的经济性是指以最少的经费开支达到理想的效果，或者是用最实效的方法达到教学资源开发与利用的目的；时间的经济性是指按照课程开展的先后顺序合理安排课程资源开发与利用的时间。因为教学工作的时间是紧凑的，也是相对紧缺的，所以合理利用时间以及课程资源项目开发与利用的先后顺序显得尤为重要；空间的经济性是指体育课程教学资源的开发与利用应该根据体育课程重要性合理开展，原则上不应舍近求远，但若遇技术含量较高的项目也不乏远距离操作实施；学习的经济性是指尽可能开发与利用能激发学生学习兴趣的体育课程资源。假设开发应用的资源不适合学生使用，对学生技术掌握要求过高或过低都不利于学生学习兴趣的提高，体育课程资源的开发与利用就只能事倍功半。

（六）针对性原则

体育课程资源的开发与利用是专门为体育课程而设定，而且必须根据学生学校的条件、人数、性别、年龄阶段、教学目标而定，决不能漫无目的地广泛实施。由于体育课程资源本身的特殊性，决定了该种资源难以供给其他课程所用，因此，体育课程资源内部管理就必须十分严谨，否则体育课程资源的开发与利用就成为一种教学资源的浪费。

（七）普适性原则

体育课程资源的开发与利用要在遵循其针对性原则的基础上兼顾其普适性。一方面，体育课程资源的开发与利用要体现出针对不同教育阶段的学生；另一方面，在体育课程中学校往往要兼顾多个年级的办学模式。在这种复合办校的情况下，遵循体育课程资源开发与利用的普适性原则是学校体育管理的必然选择。

第三节　高校体育课程资源的平衡与优化配置

📖 一、充分发掘学校周边自然环境资源优势

人类文化总是在与自然环境的不断调适中，逐渐得到进一步完善与提高发展。例如，在温带草原地区，学校可以利用独特的地域优势开发许多符合课程标准理念的体育课程，不必拘泥于形式开展所谓的现代体育项目。民族体育活动与民间体育活动都是不可多得的课程资源，若充分发掘地理优势和人文传统，高校的体育课程资源开发必然得到师生的普遍赞成。

有学者提出的"绿色体育"是指人在大自然的绿色生态环境中，发展体育活动和体育教学。可以把原有仅限于学校体育课堂的模拟跑、跳、投等基本能力的内容扩展到大自然，既能满足当代学生在体育活动中渴望自然的心理，又能培养人与大自然和谐统一的生态发展观念。

📖 二、体育设施资源拓展

随着教育改革的逐渐深入，虽然学校体育课程的内容有些新变化，但体育课程内容大多数还是传统的竞技性运动项目。虽然有些学校和教师已对这些运动项目内容进行一定程度上的改造，但仍然摆脱不了体育课程资源集中在学校的现象，尤其在当今的时代，难以满足学生要求拓展体育课程资源的要求。实现充分利用自然环境、社区资源开展体育教学的要求，学校体育与社区体育相结合。

三、体育教学内容与形式的挖掘与创新

体育教材是体育教学的主要依据。提倡开发利用课程教学资源，并不意味着不要体育教材。相反，教材仍然是最重要的课程教学资源。在课程目标和学习目标确定后，为更好地结合目标选用教材，体育教师必须在教学内容和形式上进行创新。例如，田径教材在面对不同水平的学生时，内容要求不同。不同的教师在选用同一内容教学方法与组织形式也不尽相同。如今诸多学校和教师都在研究同课异构。例如，快速跑，这一内容对不同学习水平的学生和不同的体育教师教学内容与形式就会不同。体育教材的开发和建设需要体现时代发展的要求。教材只有在体裁、内容等方面有所创新和突破，才能发挥其核心课程资源的作用。

四、教师的创新思维方式的培养

作为一名基层体育教师，通常会遇到教学资源不足的情况。临渊羡鱼，不如退而结网。体育教师的创新思维方式与创新思维意识需要加强。现代篮球运动就是詹姆斯·奈史密斯在面对学生的需求时，运用创新思维方式发明出来的。有些教师把"叫号跑"这种形式发展成为几十种教学手段，不仅用来发展身体素质，还用来提高和改善运动技术和发展运动技能。

中华民族具有璀璨的民间体育文化。胡小明主编的《体育人类学》中收集了几百种民族传统体育活动的名称。如果能够把这些教学资源加以借鉴，势必拓展体育课堂的人文空间，也必将影响学生人文素质的提高。

加强体育教师队伍建设，是加强体育教学基础资源建设与开发的根本。体育教师的创新思维方式的培养则是根本中的根本。

📖 五、教研活动的长期坚持

体育教师作为一种职业，同样存在职业技能，种种技能也必然随着社会文化的发展而不断进步。开展教研活动对于体育教师提高自己的职业技能和教学水平至关重要。现代的体育课堂教学要突出体育文化的丰富性和人文色彩，使教学内容更加贴近学生和社会生活。这需要体育教师不断地学习和相互借鉴。现代体育与健康教材的编撰需要呈现方式注重图文并茂，以增强教材的趣味性和生动性。这需要体育教师不断地学习和相互借鉴。

新课程倡导贯彻"以学生发展为本"的理念，借以注重学生的能力培养。对于基层体育教师来说，不断学习尤为重要。随着新课程标准的实施，许多体育教师觉得不知道如何上课了，这就使体育教师不断的学习和相互借鉴更为重要和急迫。在信息社会中，学校已经不再是获取体育知识和信息的唯一渠道，家庭、公共运动场、电视、报纸、电台、书籍、互联网等，都在提供着获取运用体育知识的机会。事实上，现代学生把握某些方面体育信息的速度和程度，远远超过体育教师。这就为体育课程教学提供了一种必要和可能：体育教师要尽快提升运用掌握常规教学以外的课程教学资源，提高现代化教学的能力。

体育课程教学资源的开发是一项崭新的教学实践活动，体育教师必须加强与同行之间、跨学科教师之间的相互合作，创造性地开发多种教学资源渠道，避免流于形式。这需要体育教师不断开展教研活动：体育教学要办出特色需要体育课组的成员不断推进教学改革，而教学改革离不开教研活动。

📖 六、社区体育课程与教学资源的开发

社区体育是学生课余体育实践的重要场所。开发社区体育资源可以弥补学

校体育活动与教学的不足。首先，加强了学校体育与社会的相互联系，有利于树立教育、社会、家庭一体化的观念。其次，有助于引进、更新教学内容以及改善教学条件，教师可以从发展体能、健身、康复、娱乐等多角度选择学生喜欢的教学内容，使学生自主活动，不断培养学生终身体育兴趣、意识、习惯，从而达到终身体育锻炼的目的；最后，社区体育资源的开发有助于充分发挥学校体育人类资源优势和信息优势，形成优势互补、资源共享的格局。

（一）社区体育课程教学资源为校外体育教学活动提供基础条件

社区中所有有关体育休闲资源均可为体育课程教学活动所利用。近年来，随着体育课程改革深入和素质教育的推进，体育课向社区拓展已经成为必然趋势，社区体育资源开发与利用的程度不仅决定了校外体育教育在社区中的空间范围，也决定了社区对校外体育教学活动重视的程度。由于学校与小区具有一定程度的区域利益关系，特别是对于小区与学校在该区域少儿教育的目标是一致的。校外体育教育既有利于少年儿童发展，也符合社区居民的共同利益。为该区域学校提供体育教育资源也是社区应尽的义务，尤其是社区的体育设施和环境建设，为校外体育教学提供了补充性的物质条件，并提高体育教学的质量，增加体育教学活动的内容和形式。

（二）社区文化氛围是形成校外体育教育特色化发展的必要保证

按照社区文化要素的不同性质和特点，主要有精神文化和物质文化两大类。社区精神文化主要包括社区居民的信仰、价值观念、行为规范、社会习俗等。社区物质文化是经过人类改造的自然环境和由人们有意识创造的物质产品及组织社区成员开展文化活动的设施和机构，是社区文化的有形部分，如文化宫、公园、体育场馆、儿童乐园等。社区物质文化决定着社区成员文化娱乐活动、体育健身活动、休闲活动的质量水平。因为学校文化在很大程度上受到社区文化的影响，所以学校在社区内进行体育课程资源开发与研究的时候，应该考虑社区文化要素的影响，并积极融合于社区文化当中，使校外体育课程资源的开发与利用更具区域特色。

（三）社区的地域优势为校外体育教育提供适宜的教学空间

社区体育休闲设施是人们社会生活的基本条件。在家庭和学校之外，社区体育休闲资源是充实社会生活的一个重要方面。近年来独立单元化住宅的兴起让青少年获得更多独立空间用以学习和休闲，但是相对封闭的居住环境，使得邻居之间、同学之间的感情关系日益疏远，不利于青少年的身心尤其是性情方面的健康发展。充分利用与开发社区体育教学资源，在很大程度上可以改变这种状况。

（四）社区组织管理的完善使体育课程开发与利用成为现实

以地域为中心的社区教育组织的规范和完整，便于在本社区内对体育教育进行全方位的组织协调，使社区体育教育资源得到整体开发和合理配置。社区教育组织在组织管理上的优势，恰好弥补了校外体育教育组织权威性、统筹性相对较弱、覆盖面较小等诸多方面的不足，也为校外体育教育创造更大、更好的外部环境，使校外体育教育的规范程度不断提高。

第五章　科学运动训练实践的探索

第一节　科学运动训练常识

一、运动对大学生体质健康的影响

（一）健康观念与运动参与

1. 个体健康观念的形成

随着现代医学的发展，人们个体健康观念的形式不断更新以及人类寿命的延长，使现代医学模式已经由原来单纯的生物型转变为"生物型—心理型—社会型"的医学模式。以前人们只关注个体的生物属性，对个体健康的理解仅仅是没有疾病；而现代个体健康概念强调的是作为有生物性和社会性两重属性意义的个体对不断变化的环境的适应能力和适应程度，强调个体在躯体、心理和社会适应方面的共同发展，以达到良好的适应状态。现代个体健康观念要求每个人不仅有较高的躯体健康水平，而且也需要有良好的心理素质和社会适应能力。

在这个层面上，人们把身体健康理解为：全身各器官发育良好，组织结构完整，生理指标没有异常，身体处在充满活力、健康的状态。

对心理健康的理解则是：智力发育正常，人际关系良好，情感、意志力行为没有缺陷，社会适应能力强。

社会适应健康指的是：个体如何在社会上与人友好相处，以及如何应对、适应对方而做出反应，个体与社会习俗和社会制度如何相互作用。

社会进步和经济发展，给人类带来了越来越多的健康问题。20世纪中叶，"运动缺乏"对健康的威胁逐渐被人们所重视。到了20世纪70年代，美国学者约翰·诺尔斯·佩因（John Knowles Paine）撰写了《个人的责任》一书，他认为个人健康最大的敌人就是个人本身。在此观点的影响下，20世纪80年代美国发动了一场以改变个人健康行为为目的的"健康促进运动"。这场健康促进运动对于改善个体健康状态起到了很重要的作用。最近加拿大华裔医学思想家谢华真博士提出了一个新的基本理念——"健商"。其定义是"一个人运用自己的智力保持健康的能力"①。"健商"概念的提出说明人们的健康意识已是世界范围内的普遍问题。

缺乏锻炼、高脂肪和高胆固醇的饮食、紧张、吸烟、酗酒、滥用药物、接触化学毒物和不良性行为等都会引起严重的个体健康问题甚至导致死亡。相反，经常性的身体运动、注意饮食、保持良好的心态、杜绝不良嗜好和重视安全保护等，对于个体健康是有益的。

2. 个体健康观念对体育运动参与的影响

人们想要获得健康的身体离不开参与体育运动，首先要从养成良好的生活方式入手，坚持规律的体育运动。要全方位地对体育运动有正确的认知，体育运动能促进人们对健康知识拥有求知欲望，一个人所获得的运动健康知识量会决定他参与体育活动的信心。保证人们毅然参与体育运动锻炼的基础是，人们能够清楚地认识到体育运动对人体健康的促进作用。在进行体育锻炼的实践

① [美]John Knowles Paine 原著；[美] Brian Gatten, [美] Ross Douthat 导读, 陈琛译. 一个人的和平 [M]. 天津：天津科技翻译出版公司，2003.

中，个体一旦体会到了体育锻炼对生活状态产生的积极影响，就会不由自主地提高运动锻炼的持久性和自觉性，最终体育锻炼将成为生活中相对稳定的一部分内容。

（二）适量运动对个体健康的影响

1.对适量运动的界定

适量运动是指根据运动者的个人身体状况、场地、器材和气候条件，选择适合的运动项目，使运动负荷不超过人体的承受能力。运动过程中的运动强度、持续时间和运动频率要适宜，运动时的心率范围要控制在 120 ~ 150 次 / 分钟之间；机体无不良反应，运动后略觉疲劳，恢复速度快；情绪和食欲良好，睡眠质量高，睡醒后感觉精力充沛。

2.适量运动对人体生理机能的影响

（1）对心血管机能的影响。适量运动能使心肌纤维增粗、心壁增厚、心脏重量和容积都增大，使心肌的收缩性增强，心肌耗氧量明显降低，具有较高的心肌耗氧效率和能量节省能力，还能使心肌 ATP 酶的活性提高，左心室压力最大升降加快，对钙的摄取和释放速率加快，促进心肌的收缩和舒张，使脉搏输出量增加。

适量运动能使心肌糖原贮量和糖原分解酶活性增强，三酰甘油（甘油三酯）转化速度加快，线粒体氧化磷酸化和氧的摄取能力均得到提高。

适量运动时冠状动脉的血流量成倍增加，改善了心肌营养与氧气的供应，加强了代谢。适量运动还能增加动脉血管的弹性，使血管在器官内的分布数量增加，有利于器官组织的供血和功能的提高。

（2）对呼吸功能的影响。适量运动可以增加肺组织的弹性，增强呼吸肌的力量和耐力，使呼吸频率减慢，呼吸深度增加，肺通气和肺换气的效率提高，血红蛋白含量增高，组织的氧利用率提高，因而吸氧量也会随之改善。

（3）对神经系统机能的影响。适量运动可促进神经系统的生长发育，使脑的重量和大脑皮质（大脑皮层）厚度增加，大脑皮质表面积增大。还可以加快脑细胞的新陈代谢，对提高脑细胞的功能、工作效率及对脑细胞功能的保护都有良好作用。

在进行适量运动时，人体各部分之间的协调配合会比平时更好，内脏系统活动能迅速激活，自主神经调节活动的均衡性会加强。适量运动能使神经细胞的工作强度、兴奋抑制转换的灵活性及均衡性都得到提高。由于运动时减少了脑血流的阻力，因此还有防止动脉硬化的作用。经常参加适量运动的人的记忆力与大脑工作的耐久力都比较强，反应更快、更敏锐，神经系统的分析、综合和控制能力会增强，工作效率也会提高。

（4）对运动系统机能的影响。适量运动可以使骨密度增加，骨骼变粗，肌肉附着处的骨突增大，骨小梁排列更为规则。这些变化提高了骨骼抗折断、弯曲、压拉及扭转等方面的能力。适量运动还可以刺激长骨增长，使人长高。

（5）对免疫功能的影响。适度运动是机体对运动应激的生理性适应，表现为机体免疫机能增强，不易感冒，增强机体抵抗病毒的能力。

（6）对胃肠机能的影响。适量运动可使胃肠蠕动增强，血液循环得到改善，消化液分泌增加，加速营养物质的转化与吸收。适量运动时呼吸运动会增强，膈肌活动范围加大，对腹壁胃肠能起到按摩作用，从而促进消化吸收。

（7）对身体成分的改善。适量运动可促进脂肪分解，促进肌肉蛋白质的合成，使体脂含量减少，体重增加，有利于改善和保持正常的身体成分，预防与身体成分异常有关的疾病发生。

（8）防治疾病。适量运动能全面增强身体各器官系统的机能，提高机体对内环境变化的适应能力，起到防治疾病的作用。

适量运动对降低正常人或轻度高血压患者的血压有良好的作用，可以预防和治疗高血压，可以延缓动脉粥样斑块的发展，增加冠状动脉的贮备，在心血管疾病的防治上具有重要意义。适量运动可以有效减缓随年龄增长而发生的骨质疏松症状。

适量运动有助于调整神经系统的活动状态，协调各中枢神经系统间兴奋与抑制的平衡，改善其机能活动；同时使运动者的情绪得到改善，心理负担减轻，有防治神经衰弱的作用。

适量运动可增加胰岛素受体对胰岛素的亲和力，促进肌肉对糖的利用，降低血糖，增加肌肉对脂肪酸的利用，降低血脂，从而起到防治糖尿病的作用。

（9）延缓衰老。参与适量的体育锻炼可以有效改善人体心血管系统的机能，加快新陈代谢，清除体内自由基，增强免疫系统的功能，提高机体抗氧化能力，改善机体内分泌，保持身体活力，延缓衰老。

3.适量运动对人体心理机能的影响

第一，对人体没有伤害的适量运动可以有效促进大脑思维的良好发育。

第二，通过提高本体运动感知觉，使人对自身更加了解。

第三，通过运动表象，提高认知和记忆能力，主要体现在：①通过运动形象、想象、模仿和直觉思维及空间判断活动，提高右脑机能；②通过运动时多种感、知觉的参与，从整体角度对信息进行综合、决策和应答，不停地对对手的意图及可能采取的行动做出判断和预测，做好与同伴的战术配合等活动，提高操作思维和直觉思维能力；③通过视觉的快速搜索（球和同伴的位置）、准确预测（球的落点）、决策与反应选择（必须决定做出何种应答反应，为行动留出时间）、快速有力的始发动作（起跑）、完成动作（协调、适宜、有效地支配身体完成动作）等活动，提高心理敏捷性。

第四，适量运动对人的情绪有良好的影响，主要体现在：①通过克服困难、竞争、冒险、把握机会、追求不确定结果、达到目标、控制、成功及挫折等过程，产生丰富的情绪体验；②适量运动具有宣泄、中和、抵消和对抗不愉快（负面）情绪和焦虑的作用；③适量运动可适应和对抗应激刺激，提高心理应激能力；④适量运动后可出现良好的心理状态；⑤适量运动具有兴奋和充满活力的特点，有抗抑郁的作用。

第五，适量运动可使运动者产生特殊的体验，主要体现在：①高峰表现，运动者有时可出现超出正常机能水平的行为表现；②流畅体验，运动过程中有时可出现理想的内部体验状态，表现出忘却、投入、乐趣、享受和控制感；③跑步者高潮，跑步者在跑步时会出现瞬间的欣快感。

第六，适量运动可促进心理建设，主要体现在：①人在适量运动中一次次证明自己的能力，使自我概念发生积极变化；②适量运动可促进人的社会化过程；③适量运动可培养人的自信心；④适量运动可培养人的进取精神。

（三）过度运动对个体健康的影响

1. 对过度运动的界定

体育锻炼中的过度运动涵盖了以下两方面的意思：

第一，进行体育锻炼时，由于大量运动使体内机能发生改变，营养不良、思想波动、运用恢复手段无效等，会使身体正常的负荷被改变为超负荷量，让主动运动转变为被动运动的应激刺激。

第二，当体育运动的运动量超过人体所能承受的极限时，会造成人体在能量、精神上过度消耗，短时间内无法恢复正常体力。两种运动过量的任何一种都会使人的运动能力减退，使身体出现非正常的心理症状和心理状态，会极大地损害人体健康。

造成过度运动的具体原因有以下三点：

第一，安排和身体体质不相符的运动量。运动持续时间过长、强度过大会引发身体极度疲劳。

第二，患病后过早恢复锻炼或刚恢复锻炼时的运动量过大。

第三，没有养成良好的生活习惯，营养不良或不均衡、作息不规律、心情不快乐等。

2.过度运动对人体生理机能的影响

人们在运动中为了快速达到锻炼效果，往往会不注意劳逸结合，从而给身体带来极重的负荷。过量运动会导致大脑早衰，体内各器官供氧、供血会失去平衡，体内免疫机制严重受损，这样不但达不到健身的效果，反而会加速全身各器官的衰老。

（1）容易发生运动损伤。对于处在运动锻炼初始阶段的人来说，连续过量的运动容易造成肌肉和骨附着力点处的疲劳、骨折和关节慢性劳损，具体表现为关节肿胀和疼痛。

青春期少年过度运动易导致运动损伤，如体操运动员的应力骨折，赛跑运动员的胫前肌综合征，以及其他专项运动综合征，例如游泳肩、疲劳性骨膜炎和网球肘等。

（2）对抗氧化能力的影响。运动者的身体长期处于负荷量过重的状态，会增加体内的自由基含量，使机体的抗氧化能力明显下降，接着容易引发疾病、疲劳和骨骼损伤，进而加速人体衰老的进程。

（3）对骨骼肌机能的影响。过度的运动会使运动者肌肉超微结构损伤，改变物质代谢，使骨骼肌收缩能力下降，体内钙离子浓度增强，肌肉细胞内的钙离子平衡紊乱，带来肌肉酸痛、肌腱损伤等。

（4）对泌尿系统的影响。人在运动锻炼中机体大量排汗，导致肾脏血流量减少，尿液浓缩就会产生高渗性原尿。运动量超人体承受负荷时，体内血管收缩缺氧，致使二氧化碳滞留体内，滤过膜通透性增加，导致肾脏受损，严重者可导致运动性血尿。

（5）对胃肠机能的影响。过度的运动对运动者肠胃的损害也相当大，容易导致肠胃功能紊乱、食欲不振，头晕、恶心等。

（6）对神经系统的影响。过度进行体育锻炼对神经系统的影响主要有：出现头痛、失眠、头晕、记忆力下降等现象，严重的可导致人体出现自主神经紊乱的症状，主要表现为：面色苍白、恶心、出汗、耳鸣等；更有甚者会因失去肌张力而导致丧失意识，突然昏厥。

（7）对心血管机能的影响。过度运动对人体心血管机能的影响尤为严重。运动者不能很好地将自己的运动量控制在合适范围内，容易给心肌毛细血管造成持续性损伤，心肌收缩功能和舒张功能也会因此有不同程度的损伤，还会造成心肌细胞发生缺氧、心肌力学指标明显下降。

具体表现为：心律不齐、胸闷、气短和休息时心率加快，运动后心率恢复很慢等；血小板的聚集机能明显增强，身体外周循环机能异常，血容量骤减、血压下降造成组织的缺血缺氧，最后引起过度性休克。

（8）对免疫机能的影响。过度运动对机体免疫机能的影响为：它可促进具有免疫抑制作用的激素释放，进而使机体的免疫能力被抑制，使人体免疫、抵抗功能下降，影响机体健康。人体在进行剧烈运动时，肾上腺素和皮质醇含量会增高，当它们的含量超过一定程度时，脾脏产生白细胞的能力就会大大减弱，淋巴细胞和自然杀伤细胞的活性也会相对降低。同时还会降低人体的免疫力，增加呼吸系统疾病的感染概率，造成全身乏力，易感冒，体重减轻，使肺炎、肠道炎等感染性疾病的患病率大大增强，并增加了自身免疫性疾病的患病概率。

（9）对生殖系统的影响。女性在青春期过度运动可能导致月经周期异常，外阴创伤，卵巢扭转、破裂，子宫内膜异位症等。

（四）运动缺乏对个体健康的影响

1.对运动缺乏的界定

运动缺乏是引起慢性非传染性疾病（和生活息息相关的慢性病）的一级危险因素，这些慢性疾病包括高血压、糖尿病、冠心病和高血脂等，这一类疾病的患者基本上很少运动或者根本不运动。一个人如果每周运动不足 3 次、每次运动时间不足 10 分钟，就可定为运动强度偏低；如果运动时心率低于 110 次 / 分钟，则可定为运动缺乏。缺乏运动会对人体健康产生极大的不利影响。

2.运动缺乏对人体生理机能的影响

人体长期缺乏运动，会降低身体新陈代谢的能力，引发多种肌肉关节疾病，例如骨质疏松、肩周炎、颈椎病等，同时也会给身体带来不良的反应，导致心肺机能下降。人们长期久坐不动，很容易患上坐骨神经痛、痔疮、盆腔瘀血等症状；久坐不动还可以使人体抵抗力下降，增加患病的概率。运动缺乏易导致心肌损伤，增加老年人的死亡率，加速人们衰老，导致中风、糖尿病、心绞痛等发病率明显上升，运动缺乏对人体健康的不利影响极为重大。

运动缺乏的人可能会出现记忆力减退、注意力难集中、精神不振、担心自己的健康、多梦、疲劳、情绪不稳定、用脑后疲劳、耐力下降、困倦、烦躁、健忘、虚弱、活动后疲劳、易怒、失眠、有压抑感、思维效率低、易感冒、嗜睡、四肢乏力、有不愉快感、头晕、目眩、抑郁、头疼、腰膝酸痛及脱发等亚健康症状。

（五）运动与健康促进

1.体育运动对健康的促进作用

（1）健康生活方式与健康促进。实践证明，相对于药物的可效性，培养良好的生活方式对促进人们的健康有更重大的意义。体育锻炼和健康促进的关系紧密相连。人们如果每天都能坚持做到保证 7～8 小时的睡眠，坚持少食多餐，不抽烟不酗酒，适当地进行体育锻炼，注重早餐的营养搭配和保持好标准的体重，这些良好的生活方式将能在很大程度上促进健康的积极发展。

（2）体力活动与惰性病。现代社会经济高速发展，人类受机械化和快节奏生活的影响，运动已经不再是基本的生活方式，而是一种奢侈。大多数人由于缺乏运动，导致人体的各项机能得不到有效的磨合，抵抗力减弱，各种疾病开始袭来。人体处于一种亚健康状态，使胆结石、高血压、肥胖病等各种慢性病成为生活中的常见病，损害人体健康。

2.促进健康的身体运动量

促进健康最有效的方式之一就是运动。运动不仅能保证身体的灵活性，还能缓解心情，使人身心愉悦。经常参加体育锻炼的人，精神抖擞，面色红润，在工作、学习、生活中都能投入较高的热情和活力。

（六）大学生的运动健康促进策略

1.增加运动器材与设备

时尚、先进的运动器材可以有效地吸引学生参与运动。因此，高校财政部门应该在大学生运动器材上多投入些财力，购置先进的运动设备，为学生提供优良的运动资源，以保证他们参加运动的乐趣。

2.鼓励同伴一起参与运动

在体育锻炼中，同伴的鼓励和支持是不可或缺的重要因素，这一点对于大学生参与运动锻炼来说也非常重要。因此，大学生在参与运动的时候可以树立团体运动的意识，积极参与学生间的运动项目，以便促进个体的运动锻炼。

3.增设多样化运动社团

多姿多彩的大学校园社团也是促进大学生能够规律地参加运动的一个重要因素。因此，学校可以根据学生不同的兴趣爱好，组建多元化的运动社团来鼓励学生参加社团，多方培养大学生参与运动的习惯，使他们从多种运动项目中找到自己喜爱并能坚持的运动。

4.增进运动时的正面感受

大学生如果能在所有的体育锻炼项目中找到适合自己的运动，那么运动就不单是一种强身健体的方法，而且是一种属于自己放松精神的方式。所以，高校应该多在体育课堂上讲解体育运动的内容以及运动的趣味性，传递运动的乐趣。这样，学生不仅能够在体育锻炼中体验到运动的快乐，还能培养大学生养成长期坚持运动的良好习惯。

二、运动促进健康的类型

（一）有氧运动

1.有氧运动的概念

人体的所有活动都需要能量。这些活动包括人体自身的生理活动，如呼吸、心跳、消化等，还包括人体每天在生活、学习、工作和娱乐等过程中涉及的活动，如行走、跳跃、说话等。这些活动所需的能量来源于在细胞中进行的物质转变成能量的过程，也就是把我们每天进食的食物分子中储存的化学能转变成能被生命等各种活动过程利用的能量的过程。

人体所能利用的直接能量形式是三磷酸腺苷（ATP），其储存在各种营养素中的能量必须转变成 ATP 的形式才能为人体的各种需能过程所利用。完成这种转变的方式就是能量代谢过程，一般来讲，区分有氧代谢过程和无氧代谢过程，会依据在体育运动中能量代谢是否有氧气的参与。不同的代谢过程利用的能源物质也不同，无氧代谢主要利用糖，这会产生较多的代谢副产物——乳酸；有氧代谢可以利用糖、脂肪和蛋白质，由于只产生少量乳酸，因此有氧代谢类型的运动比较轻松、愉快，运动时间较长。人体在正常活动时主要通过有氧代谢来获得能量，而在某些特殊情况下则主要通过无氧代谢来获得能量。运动时，由于运动的强度（剧烈程度）不同，体内为运动提供能量需要的代谢过程也不相同。我们要如何判断体内进行的是有氧代谢还是无氧代谢？一般来讲，100 米跑或 800 米跑运动中的冲刺、跳跃等均属于以无氧代谢供能为主的项目，称为无氧运动；而长跑、越野赛、长距离的自行车赛和游泳，以及日常生活中的散步、慢跑等则属于以有氧代谢供能为主的项目，称为有氧运动。

2. 有氧运动的发展状况和特点

有氧运动是按照人体运动的能量代谢类型进行分类的一种运动形式。

有氧运动兴起于 20 世纪 60 年代，由于体力劳动骤减、营养摄入不合理和精神压力剧增等原因，非传染性疾病（俗称"文明病"）成为威胁人类健康的首要因素，寻找能有效预防和治疗非传染性疾病的方法成了当时研究的热点。美国医生库伯（Cooper）用了 4 年的时间进行健身与健康关系指导的研究，于 1968 年发表了《有氧代谢运动》《12 分钟跑体能测验》及《有氧运动得分制》等专著，系统阐述了有氧代谢运动的原理、健身作用及评估方法，提出了有氧健身运动的理念，在西方国家引发了以有氧运动为主的健身热潮。其中影响最大的是他编写的《有氧代谢运动——通向全面身心健康之路》一书，已被译成 25 种文字、发行 1200 万余册，为世界许多国家所采用。

现代社会中得益于"全民健身"的口号，健身运动在全世界的被重视程度越来越高，但是有氧运动仍然占据主导地位，而且还有不断扩展的趋势，其主要原因是由于有氧运动在促进人体健康和健身效果方面具有独特的作用。有氧运动主要有五方面的特点：

第一，运动项目难度不大，易掌握。

第二，运动过程中身心愉快、轻松，没有任何不适的感觉。

第三，健身效果突出。

第四，运动不受环境、场地限制，运动成本不高。

第五，可以良好地保持标准体重。

3. 有氧运动对人体的影响

（1）有氧运动对物质能量代谢的影响。运动中的有氧运动主要是指运动机能在能量转换中有氧气参与，在有氧代谢下，糖分、脂肪、蛋白质被氧化成水和二氧化碳的过程；在代谢过程中能释放能量合成中被称作细胞燃料的糖、脂肪和蛋白质。

（2）有氧运动对心血管系统的影响。进行耐力性有氧运动对人体心脏的作用可分为两种情况：一是可以有效提高心肌力量；二是可以改善心率的变化。能直接反映心脏机能强弱的标志就是心率的高低，运动对于心脏机能产生的影响可以通过心率的变化来判断。运动锻炼对循环功能的主要影响是心输出量的增加，促使体内各组织器官的血流量进行重新分配，尤其是骨骼肌血流量大量增加，用来满足人体新陈代谢的能量供应，从而提高人体的活动能力。

（3）有氧运动对体能的影响。有氧运动对人体健康的作用不可估量，长期、规律地坚持进行有氧运动锻炼，就能够自然地刺激机体内的循环、消化、神经、呼吸及内分泌系统，能有效地促进青少年的生长发育，帮助人们保持充沛、旺盛的精力，并保障全身各器官的正常运转，增强体质，延缓衰老。

4. 常见有氧运动

（1）健身跑。健身跑通常又被称作慢跑，在运动过程中它一般用时较长，速度较慢，运动距离长，不分年龄，不限性别，不受场地、器材的限制，人们可以随时随地地在公园、田径场进行锻炼。

（2）有氧健身操。人们通常称在有氧供能的条件下进行锻炼的节奏感强、集体的体操和舞蹈为有氧健身操。长期且有规律地坚持有氧健身操运动对于提高人体的心肺功能、预防心血管疾病、消除多余脂肪、改善体型都有非常积极的作用。

有氧健身操对人们具有很好的健身、健心作用。人体进入中老年阶段之后，各器官机能逐渐减弱，而有氧健身操以其自身的全面性、均衡性的特点，科学地延缓了各器官机能的减弱，从而使机能提高，使人们更加热爱生活，对未来充满信心。另外，健身操在塑造人体美的同时，还在不知不觉地影响着人们的情操，能使人胸怀豁达，形成对生活乐观进取的态度。

（二）休闲运动

1. 休闲的概念

21 世纪的现代社会，大家都普遍认为，只应在"实现价值"的工作上全力以赴，休闲健身还只是被定位在"怡情"上。所以为了更高质量地提升人们的身心健康水平，我们必须重新定义娱乐、休闲和游戏能够给人们带来精神放松和身体健康的意义。

然而，因为休闲涉及的领域极为广泛，想要给休闲下一个准确的定义非常困难。但是，休闲却一定和当时的心态、时间、运动方式和生活状态有很大的关系。

2. 休闲运动

随着社会的进步和经济的高速发展，社会对休闲体育的需求也不断增加，丰富多彩的休闲体育活动成为人们日常生活中不可或缺的重要内容。它不仅有益健康，还能增强幸福感，提高生活能力。

休闲活动有两类：一类为动态，一类为静态。动态的休闲活动主要就是休闲运动。休闲运动是人们利用闲暇时间，为了增进健康、丰富业余生活，同时达到修身养性的目的所进行的各种锻炼身体的运动方式。休闲运动让人们善度余暇，合理支配时间，同时是一种能够提高生活质量的社会文化活动。

3. 休闲运动的特征

（1）娱乐性。休闲运动的意义在于它赋予了身体运动独立的价值和乐趣，更完美地诠释了运动快乐的精神，它既不像竞技运动那样紧张和具有强迫性，也不会像单纯无目的的锻炼那么无趣。休闲运动是用富有情趣的生活内容来充实人们的闲暇时光，让人不管是身体上还是精神上都能得到极大的放松。

（2）创造性。健康的身体使人精神愉悦、精力充沛，能更好地从事我们感兴趣的游戏和运动。人们在进行休闲运动时、在与同伴进行各种活动的过程中，活动和环境的融合以及相对开放的社会空间，会引起人们情感的共鸣和审美的体验，让人体实现自身的超越，这种超越就是创造力的激发。

部分休闲运动也具有一定的挑战性，当某项运动的难度与运动者本人的技能相吻合的时候，运动者本人会在精神上高度投入与享受，心情也会极为舒畅。休闲运动中像攀岩、跳伞、潜水、蹦极等具有新奇性和冒险性的项目，可以在很大程度上满足运动者的探索感。

（3）可选择性。休闲运动可选择的项目是多种多样的，它还包括选择接受参与休闲运动时会有的限制和规则，如老年人可以在秧歌、舞蹈乃至遛鸟等活动的群体中放松自我，精神得到满足；也可以在学校操场、球场或者健身房、青山绿水中体验不同的人生感受，享受繁忙、紧张工作之余的快乐。

（三）民族传统体育运动

我国传统的健身养生法蕴含着五千年的华夏文明历史，在人民群众中有着良好的基础和流派众多的内容方法。其中以武术、气功养生最具特色。这些传统的健身养生法，简单易行，不限制场地，可自行控制运动量，并且集体或个人都可以进行运动。

1. 八段锦

（1）概述。八段锦在我国有文字记载以来已经有八百多年的历史，由八段不同的动作组成，每段一个动作，而且有如展示给人们绚丽多彩锦缎（由此可见，八段锦受我国人民喜爱的程度），故得名"八段锦"。

（2）特点和功效。八段锦作为流传在民间的一种健身体操，动作完整、全面。主要是用医学理论来解释动作对人体健康的作用，八段锦的运动量可大可小，长期坚持锻炼，对一些慢性病有很好的治疗和预防作用。

2. 五禽戏

（1）概述。五禽戏还被称作五禽操、五禽气功和百步汗戏，是古代的医疗体操，是由我国东汉名医华佗创造发明的，它因模仿鹿、熊、猿、虎、鸟五种禽兽的动作和神态而得名。华佗认为"体有不快，起作一禽之戏，怡而汗出，因以着粉，身体轻便而欲食"。华佗在前人总结的理论和经验的基础上创编出成套的五禽戏，不仅可以保健、强身健体，还可以治病。

（2）五禽戏的功效和特点。五禽戏的流派很多，动作繁简不一。但是五禽戏的健身、防治疾病的效果特别明显，如果能长期坚持练鹿戏能益腰肾，伸筋脉，增进行走的能力；练熊戏可以增强脾胃机能，强壮力量；练猿戏可以增强记忆，提高人体的灵敏性；练虎戏能增强关节功能，使人精力旺盛；练鸟戏可以锻炼肺呼吸机能，增加平衡能力。

3.易筋经

（1）概述。古代的健身方法中，易筋经因为特点突出，一直在民间流传，是群众喜闻乐见的一种体育健身运动。易的意思是改变、筋是筋骨、经是方法，整个意思就是把赢弱的筋骨改变成强壮结实的筋骨的一种健身方法。

（2）特点和功效。易筋经的整体动作都与呼吸密切相关，并且是采取静止性用力，整体上和五禽戏、太极拳有相似之处，其共同点是都要求动静自然、刚柔并济，长期坚持练习有增加肌肉力量、加强内脏器官的功能。

4.太极拳

（1）概述。太极拳是在我国流传已久的拳种之一，因其动作绵延不绝，也曾被称为"长拳"或者"绵拳"。18世纪末，山西民间武术家王宗岳取《周子全书》中阴阳太极哲理来解释拳义，并著有《太极拳论》，从此之后，普遍都采用"太极拳"这一称呼。

经过长期的演变和流传，太极拳演变出了多种流派，其中流传最广、特点最明显的有陈式、杨式、吴式、武（郝）式、孙式这五式太极拳。虽然流派、姿势、风格各不相同，但总体来讲动作顺序和套路机构相似，练拳目的也相同（都是为了强身健体）。五式套拳，各有各的器械套路练法和推手，如太极棍和太极枪；也有对练，如太极推手、太极散手、双人粘枪、太极剑、太极刀等。

（2）特点和功效。动作松静圆活，练习时以腰为轴、以意念为主导，不用蛮力，以柔克刚，讲究"引进落空""四两拨千斤"。久练太极拳能调节中枢神经系统和自主神经系统的机能平衡，消除精神紧张，还能消除由神经系统紊乱引起的各种慢性疾病；减轻心脏负担，降低周围血管的紧张度，使得血液循环通畅，增加心肌供血量，改善循环机能；改善肺通气和肺换气的机能，提高呼吸系统的工作效率；调节内分泌机能，增强机体的生理机能；改善人体的免疫监视能力，提高抵抗疾病的能力；疏通经络，促进新陈代谢，增强体质，延缓衰老。

5.形意拳

（1）概述。形意拳是中国拳术之一，也叫"心意拳""心意六合拳""六合拳"。关于形意拳的得名，说法不一：有人认为由于这种拳术要求"心意诚于中，肢体形于外"，外形和内意高度统一，所以称为"形意拳"；也有人认为这种拳术象形取意，取法为拳，表现了许多动物的特长，如虎的勇猛、猴的灵敏等，故名"形意拳"。形意拳起源于山西，距今已有将近400年的历史。清乾隆以后在山西、河南、河北广为流传，并形成多种流派。各种流派风格虽异，但运动特点均要求动静相间，节奏分明，气力结合，形神统一，身正步稳，快速整齐，动作严紧，手脚合顺，以及劲力充实，刚柔相济，完整饱满，稳固沉着。

（2）特点和功效。动作简洁朴实，大多直来直往，一屈一伸，节奏鲜明，朴实无华，富于自然之美；动作严密紧凑、沉着稳健、身正步稳、快速完整。长期练习形意拳，可强健身体，锻炼勇敢、果断的精神，增进身心健康。

6.八卦掌

（1）概述。八卦掌是我国众多拳种之一，创始人是清代中叶河北文安人董海川，又被称为游身八卦掌、八卦连环掌。由于在练习八卦掌时纵横交错，与"周易"中的卦象相似，因此得名"八卦掌"。

（2）特点和功效。八卦掌对于锻炼人体的柔韧度、耐力和速度有相当好的作用，尤其是增强下肢力量的效果更为突出。八卦掌的特点是随走随变，身捷步灵，敏捷多变，掌掌相连。

7.气功

（1）概述。气功古称吐纳、导引、行气、服气、食气、练气、静坐、坐禅或内功等，是中国独有的一种健身术，在我国有悠久的历史。根据考证，早在周代金文（公元前 11 世纪—公元前 771 年）中就有了关于气功的记载。战国初期的文物《行气玉佩铭》就已记述了气功的理论与练法。我国现存最早的医学奠基性著作《黄帝内经》里，已有关于气功的描述，以后各个朝代也都有关于气功的详细记载。

（2）特点和功效。通过练功者的主观努力对身心进行意、气、体结合的锻炼，以达到健身和防治疾病的目的。长期坚持练习气功的好处有：第一，可以调和人体气血，平衡阴阳，提高神经系统的协调能力，增强心血管和呼吸系统功能；第二，气功锻炼对腹腔有按摩的作用，可以有效地增强消化功能，提高食欲；第三，练习气功可以提高人体潜力的发挥，调动自身的积极因素，起到自我控制的作用。

📖 三、运动促进个体健康实施的原则

（一）科学性原则

体育锻炼要讲究科学性，参加体育锻炼以前，必须进行健康测量与评价，以了解身体的发育和健康状况，尤其是心血管系统和呼吸系统的机能状况，并根据健康评价结果、个人的兴趣爱好合理地选择运动内容，合理地安排运动负荷、运动持续时间和运动频率。应选择全面锻炼、强度容易控制的、以提高心肺机能为主的有氧运动项目，选择能够对人体各部位、各器官系统的机能，各种素质和基本活动能力进行全面、系统锻炼的项目，以促进人体的全面发展。同时要注意体育锻炼与卫生相结合，注意均衡的饮食和营养，保证充足的睡眠，保持积极乐观的情绪及平和的心态，从而达到增强体质和提高健康水平的目的。

（二）适用性原则

体育锻炼计划应符合人体的运动规律，任务难度要适中，要符合体育锻炼对象的年龄、能力等。过易或过难，都容易导致锻炼者的兴趣减退，影响锻炼的效果。

体育锻炼计划应具有全面发展身体、锻炼方法多样、形式灵活等特点，例如，经常练习长跑的人，也要尽量做体操、打篮球；经常打乒乓球的人，也要多练习长跑等。

体育锻炼计划还应充分考虑环境、运动场地、器材、设施及服装等条件，以便于计划能够真正落实。一些对场地、器材要求不高的运动项目具有适用性强的特点，如跑步、快走等，在选择运动项目时可作为首选项目。

（三）循序渐进性原则

该原则是指在进行体育锻炼时，必须根据人体发展规律和个人的实际情况，逐步地提高锻炼的要求。运动的强度要由小到大，运动时间要由短到长，运动量要由少到多。对于长期系统的锻炼来说，循序渐进原则还应该体现在锻炼中总负荷量要逐渐增加，因为随着锻炼效果的发展以及体质的增强，机体对原来负荷所产生的反应会越来越小，锻炼的效果会有所减弱。因此，必须逐渐增加运动负荷的总量。对于某一次锻炼来说，机体从相对安静到运动状态需要克服内脏器官的生理惰性而有一个逐步适应的过程，因此，一次锻炼的运动负荷量要遵循从小到大的渐进性规律。

（四）长期性原则

体育锻炼一定要科学、系统、有计划地进行，才能积累锻炼效果，逐步改善人体形态和机体各器官的机能，达到健身的目的。研究证明，通过体育锻炼所获得的生理机能的增强会因锻炼的终止而降低。因此，要想获得理想的健身效果，体育锻炼要持之以恒，不能中断。

（五）启动积极的运动计划

我国体育运动中占有优势的项目有跳水、乒乓球、射击、体操、武术等，综合来讲，这些项目都对人体的柔韧性、协调性、灵敏性要求较高，足以证明我国人们在这些技能方面是有很大优势的。

健康最重要的因素就是坚持运动，医学之父希波克拉底有一句流传了两千多年的名句"阳光、空气、水和运动，是生命和健康的源泉"。因此，想要获得健康的体魄，除了大自然提供的阳光、空气、水等，还需要自己坚持不懈地进行运动，所以，现在开始就应行动起来，给自己制订一个积极的健身运动计划。

1. 运动时兴趣是最好的老师

现实生活中，大部分人就是因为兴趣才会不断地走进运动场中进行锻炼，正是由于对运动的项目感兴趣，才会使我们在锻炼的过程中不会感到枯燥、乏味，反而充满快乐；也是因为兴趣这个老师，我们在运动中才会全身心投入，运动技能才得以快速提升。

2. 选择运动项目之前做好评价

评价指的是运动者要对自己的身体状况有充分的了解，根据自身的实际情况合理地选择合适的项目进行锻炼。例如，力量和爆发力强的同学可以选择田径运动中的项目进行锻炼，如举重、投掷、跳跃类、短跑；身体灵敏性好的同学应尽可能地选择球类运动或者田径运动中的跳高、跨栏等项目锻炼；柔韧性强、协调性好的同学就可以多考虑武术、健美操、拉丁舞之类的运动。

3.迅速提高运动技能的方法

（1）注重基本功的练习。俗话说："万丈高楼平地起。"良好的运动技能一定要建立在扎实的基本功之上，想要提高运动技能，一定要从最根本的基本功开始练习。扎实稳健的基本功，是提高运动技能的良好开端。

（2）良好的身体素质奠定了提高技能的基础。良好的身体素质也是提升运动技能的必要条件之一，运动者想要掌握高超的运动技能，没有良好的身体素质的支持是很难达成的。总体来讲，体能的改善和运动技能的提高是相辅相成的，二者相互成就。由于多数运动项目对于体能的改善是局部性的，所以，运动者在日常锻炼时一定要有意识地进行一些基本的体能训练，像游泳、健身等都是体能训练不错的方式。

📖 四、运动中常见的生理反应及预防

人们为了强身健体和增进体能，在日常生活中总是有目的地进行运动锻炼，但是在锻炼过程中，如果姿势不正确或者锻炼方法不当就会产生运动损伤。如果因为运动损伤影响到身心健康甚至造成终身遗憾，就违背了我们参与运动锻炼的初衷。所以，在进行运动锻炼前，一定要先了解、学习一些基本的防治运动损伤的知识，正确地进行锻炼，避免运动损伤。

（一）运动中常见的生理反应及注意事项

1.运动性腹痛

（1）概念。在非疾病的原因下，运动时出现不同程度的腹部疼痛的现象称为"运动性腹痛"，最常见的是发生在较长距离的跑步时。

（2）处理方法。排除疾病的可能后，尽可能地采取减速慢跑和调整呼吸的运动策略，并用手部对疼痛部位进行轻轻按压来缓解疼痛。假如症状得不到缓

解，反而有所加重，应立即停止运动或到医院进行诊断和治疗。

2. 肌肉酸痛

（1）概念。由运动而引起的肌肉酸痛一般可以分为急性肌肉酸痛和慢性肌肉酸痛（迟发性的肌肉酸痛）两种。急性肌肉酸痛有别于肌肉拉伤，可因肌肉的暂时性缺血造成酸痛现象，常伴随肌肉僵硬的现象，在肌肉做剧烈运动时才会发生，肌肉活动一结束，经过简单的恢复措施，不需要治疗即可消失。有时肌肉酸痛不是即刻发生在运动结束后，而是发生在运动结束后的 1～2 天，称为延迟性肌肉酸痛。

（2）处理方法。缓解肌肉酸痛最好的方法是采用按摩和热敷的方法，帮助肌肉放松，促进酸痛部位的血液循环，缓解酸痛；还可以进行适度的静力拉伸练习，帮助肌纤维进行修复。

3. 肌肉痉挛

（1）概念。肌肉痉挛又被称作抽筋，是指肌肉不由自主地强直收缩。在进行运动练习时，最容易抽筋的部位是小腿三头肌，然后是足底的屈拇肌和屈趾肌。肌肉发生痉挛时，常常疼痛难忍，并且短时间内不容易缓解。

（2）处理方法。根据痉挛部位，牵引痉挛肌肉，即可缓解。例如，游泳中发生腓肠肌痉挛时，不要惊慌，深吸一口气，仰浮于水面，用抽筋肢体对侧的手握住抽筋肢体的足趾，用力向身体方向回拉，同时用同侧的手掌压在抽筋肢体的膝盖上，伸直膝关节，即可缓解；如果不行，应大声呼救或立即上岸处理。

4. 运动性中暑

（1）概念。中暑是指在高温和热辐射的长时间作用下，发生体温调节障碍，水、电解质代谢紊乱及神经系统功能受到损害的症状。根据发病机制和临床表现的不同，通常可将中暑分为热痉挛、热衰竭和热（日）射病。运动性中暑通常指由于运动的原因大量产热，而造成运动者体内过热，发生高热出汗或肤燥无汗、烦躁、口渴、神昏抽搐，或以呕吐腹痛为主要表现的疾病。此症多见于从事较长时间或较大强度运动的运动者。

（2）处理方法。运动中运动者发生中暑时，首先应把患者送到阴凉通风处，对患者进行降温治疗，可采取药物降温法和物理降温法，并同时给患者补充葡萄糖溶液或者生理盐水。中暑严重的患者在经临时处理后，应紧急送往医院进行治疗。

（二）运动注意事项

1. 剧烈运动后的洗浴

剧烈运动后，通常会汗流浃背、身体疲劳，这时是不宜进行冷水浴的。众所周知，在运动过程中会消耗肌肉很多的营养物质，同时机体新陈代谢会增强，体内因为运动所产生的热量需要散发出去，即使运动停止，汗腺的散热任务也不会立刻停止。如果运动后立即进行冷水浴，会导致皮下血管突然收缩，体内的热量不能很好地散发出去，人体积留太多热量就会生病，因此一定要采取温水洗浴，以增进血液循环，消除疲劳。

2. 剧烈运动前后的饮食

运动时血液大量地供向运动系统的肌肉，如果进食后立即运动的话，消化系统还要承担繁重的消化任务，就会产生供血不足、影响消化系统的运作，导致肠胃疾病。运动前后和进食之间最少要有半小时的时间间隔，这样消化系统的负担也小，也容易获得理想的锻炼效果。

3. 运动中的饮水

运动不仅会大量消耗能量，运动后因大量出汗也会丧失水分，人体缺水就会影响生理机能的工作能力。及时给身体补充体内流失的水分是生理的需要，不然运动者会出现口干舌燥、精神不振的现象。

4. 运动中的呼吸

运动中一直提倡用鼻子呼吸，但是有些同学认为运动时会增加通气量，单纯用鼻子呼吸根本满足不了人体的通气需求。其实，这种想法是不正确的，掌握好运动节奏，两个鼻孔完全可以满足人体通气的需求。假如实在难以做到，而又为了减少细菌的侵入，可在呼气的时候用嘴巴来辅助，但一定要用鼻子来完成吸气动作。

5. 运动性疲劳及其恢复

（1）运动性疲劳

①运动性疲劳的定义。运动疲劳是一种正常的生理现象，通常是由于运动时间过长，导致身体功能出现暂时性下降，这对人体健康没有妨碍，一般通过休息就可以调整过来。

②运动性疲劳的成因。运动性疲劳也是一种生理性疲劳，是指在过度运动后身体会暂时性降低机体的运动能力。运动过程中，身体疲劳和心理疲劳有着密不可分的关系，两者相互影响，换句话说，运动性疲劳是心理疲劳和身体疲劳的总称。

（2）消除运动疲劳的措施

消除运动性疲劳常用的措施有物理手段（按摩、热疗等）、合理补充营养、心理恢复手段、积极性休息、睡眠等，这些方法都可以在短时间内有效地缓解因过度运动而带来的机体疲劳。

①按摩。人们在日常生活中常利用手、足、按摩器械等多种手法和工具，通过刺激体表的穴位，改善血液循环，加快人体新陈代谢，缓解疲劳，调节人体的生理功能，预防疾病的产生。

②合理补充营养。运动性疲劳最常见的原因就有人体能量的供应问题，关键是要能够在运动过程中供应合理的营养。一旦运动者出现运动疲劳的现象，

应立即补充人体所需的糖分和维生素；特别是经常运动的人，一定要注意在日常生活中合理搭配饮食，保证人体充足的能量供给。合理的营养能增强体质，缓解运动疲劳，提高运动效率。

③心理恢复手段。疲劳包括身体疲劳和心理疲劳两种。千万不要小看了心理疲劳对身体疲劳的影响，在运动过程中，可以适当地采用心理手段对运动者进行积极的暗示和引导，让运动者在运动过程中获得相应的心理调节，让身体和心理得到放松。实践表明，科学、合理的心理治疗可以帮助运动者有效地缓解运动疲劳。

④积极性休息。如果长时间进行运动或体力劳动，大量的二氧化碳就会堆积在体内，使人们感觉到乏力、疲劳，人体机能就会下降。这时就要通过洗温水澡、按摩和物理疗法等一些积极的休息措施来进行改善，洗温水澡是最常用的且速度最快的消除疲劳的方式，按摩则可以加快血液循环，消除疲劳，恢复人体机能。

⑤睡眠。良好的睡眠就是最好的休息，生活中睡眠占据了相当一部分时间，好的睡眠不仅能增加生活原动力，还可以消除疲劳。科学的睡眠一定要具备以下几点：

良好的睡眠环境；每天保持 7 ~ 8 小时的睡眠时间；最好要南北方向放床，枕头的高度在 10 厘米左右；科学的睡眠姿势最好是仰卧或者向右侧卧，要避免趴着睡。

第二节　科学运动训练过程监控

一、运动训练监控释义

运动训练监控是将运动医学、运动生物力学、运动生理、生化等学科的理论和方法应用于训练过程中，应用综合方法和手段研究训练过程和训练效果，帮助教练员不断调整训练计划，实现运动训练最优化控制，使运动员达到体能、心理和技术等最佳状态，从而最大程度提高训练效果和运动能力的全过程。

二、运动训练监控研究现状

目前，体育科学领域中的运动训练监控主要从身体机能诊断与监测、运动技战术诊断与监测、心理状态诊断与监测三方面进行。身体机能诊断与监测主要从生理学角度解决运动训练中限制能量产生的问题（医学监督、健康检查、生理生化监测）；运动技战术诊断与监测从生物力学角度解决限制能量利用问题（技术分析与诊断）；心理状态诊断与监测主要解决限制能量控制的问题（心理监测、训练）。

三、运动训练监控的发展趋势

随着科学技术的发展，许多新仪器、新技术和新的研究方法应用到运动训练监控中。如核磁共振、心电图、肌电图、脑电图、超声诊断等先进技术将在体育科研中发挥作用。当前，运动性疲劳发生和恢复的机理尚需进一步研究，特别是中枢神经疲劳的生理生化指标。利用现代科技实验技术，探明运动性低睾酮、运动性贫血免疫能力下降的机理，并开展早期诊断指标和评定方法与标准需进一步加强研究。

第三节　运动负荷研究

📖 一、影响体育课运动负荷的主要因素

（一）运动强度

运动强度是指单位时间内完成练习所用的力量大小和机体的紧张程度，影响运动强度的主要因素是练习时的速度和负重量。如初中生 100 米快速跑，跑后即刻心率可达到 180 次 / 分钟以上，慢跑 1 分钟，心率一般在 130 次 / 分钟左右，显然前者强度大，后者强度小。在体育活动中，较大强度的项目有跑、跳等，而走、爬、投掷等的运动强度则相对较小。

（二）运动时间

运动时间是指一次体育课练习的总时间或每个练习的间歇时间，在保证一定的合理强度和密度的同时，练习时间持续的长短直接关系着运动负荷的大小。如果一节课，学生长时间处于大强度的运动之中，那么，他们的运动负荷就偏大。

（三）练习密度

练习密度是指单位时间内重复练习的次数，它在运动负荷中反映时间和数量的关系。练习密度是否合适较大地影响着学生的运动负荷，一般与运动负荷成正比。

（四）教师的教学内容、教法和组织措施

教师安排体育教学内容的难易程度是否合适，教学方法是否恰当，组织措施是否得当，讲解示范是否正确形象、生动规范等都会较大程度地影响运动负荷。如教学中分组太少而导致学生长时间的等待，从而使运动负荷过小；如练习的间歇时间太少，又使运动负荷过大。

（五）学生的个别差异

学生的个别差异是指学生的身体机能水平的个别差异。在体育课上，往往相同的练习对不同的学生会产生不同的影响。如快速跑完 60 米，有的学生心率达到 180 次 / 分钟以上，有的学生仅 170 次 / 分钟。

二、合理安排每节课的教材和确定课的任务

这就要求教师课前的备课要做到心中有数，在安排教材内容时，应合理搭配不同性质、不同负荷、适宜数量的教材。运动量大和运动量小的练习交替安排，如强度较小的走平衡木或窄道、投掷、钻爬与强度较大的跑、跳跃、攀登、爬、滚翻等内容组合。教师要合理安排学生体育课的密度，尤其是学生的练习密度。确定任务时新教的知识、技能不宜太多、太难，且必须富有趣味性。

📖 三、灵活运用教法

由于体育课是以直接的身体练习为基本手段，因此，教师在教授学生体育课时应精讲多练，应使学生的练习密度在课的总密度中占最大的比例（一般学生在体育课中的练习密度在 35%～55% 较为适宜），还应讲练结合。为了加大学生的运动负荷和练习密度，可多采用同时练习法、鱼贯练习法、循环练习法等方法。还可增加学生练习的次数，扩大其活动范围，增加障碍物，提高练习难度。反之，如学生的运动负荷已较大，则应通过缩短其练习的时间和距离，变同时练习为分组轮流练习或相互观摩，改变练习的内容，缩小活动的范围，减少障碍物等手段来降低学生的运动负荷。

📖 四、充分利用场地、器械

事实上，每个学校的具体情况各不相同，在体育场地上，有的学校还达不到正常标准，这就需要教师开动脑筋，最大程度地提高场地利用率，多采用分组活动和分散活动。如器械不够，则可采用分组轮换或循环练习等形式，以加大学生的练习密度。此外，安排运动负荷时还应考虑季节和气温因素。在炎热的夏季，可适当降低学生的运动负荷；而在寒冷的冬季，则应适当增加学生的练习密度（但运动强度仍不应太高）和运动负荷。

以上调节策略，教师在具体运用时一定要结合每节体育课内容和学生的实际，做到灵活机动，科学调节，以增强学生的体质，使学生身心得到健康发展。

在课堂教学中最常用到的运动负荷测量方法除了脉搏测量外，还有询问法和观察法。据瑞典生理学家研究，当询问学生锻炼后的自我感受，学生回答"累极了、很累、有点累、还行、很轻松、非常轻松"时都有不同的心率，而这些心率和回答之间有着极明显的对应关系。因此，教师就可以利用学生的回答来判断学生承受运动负荷的情况。采用观察法可以直接简便地知道学生的运动负荷情况，教师可以通过观察学生的脸色、表情、喘气、出汗量、反应速度等表现来判断所承受运动负荷的大小。比如，当学生承受较小负荷时，额头微汗、脸色稍红；承受中等负荷时，脸色绯红，脸部有汗下滴；承受过大的运动负荷时，脸色发白，满头大汗，动作失控等。所以，安排运动负荷时要以学生发展为中心，重视学生的生理和心理感受。在体育课上，可以通过调整练习的次数和组数、练习的强度和时间、器械的坡度和阻力，也可以改变课的组织教法等来对运动负荷进行合理的调节。

第六章 高校体育课程评价

第一节 高校体育课程评价概述

📖 一、高校体育课程评价体系存在的问题分析

（一）成绩测量不科学，场地设施不健全

对于教师方面，教师主观上的偏见、喜好以及缺乏责任感等，都会对学生成绩评定的结果造成影响；对于场地设施方面，场地、器材等条件落后，会对学生的发挥产生直接的影响，同时对学生的体育成绩造成不良影响。

（二）评价形式单一

许多高校体育课程评价依然采用传统单一的评价方式。虽然许多高校意识到应对学生学习态度、学习过程等进行综合评价，但是并没有真正地贯彻与落实，依然采用终结性的评价方式，过分重视考试成绩，课堂教学也是围绕着考试内容进行教学。这样会影响学生对体育课的热情与兴趣，扼杀学生的主动性以及创造性。

（三）评价标准"统一"

所谓"统一"指的是按照改革标准对所有的学生实施教学与评价，并不重视大学生心理、生理、生活环境、营养、先天遗传等方面的差异，这会抑制学生个性与自主性的发挥，导致体育教学存在"胀肚子"与"吃不饱"的问题。许多高校秉承考试成绩是评价学生成绩以及衡量教学水平唯一标准的原则，这对于大学生个性化发展是非常不利的。因此，高校体育课程评价体系的改革应该增加个性评价力度。

（四）过分重视个体成绩量化评价

许多高校体育课程评价依然采用量化评价的方式，认为量化能够更加客观地反映学生的体育成绩，将速度、力量、远度、高度等作为评定学生体育成绩的唯一标尺。但是，评定学生体育成绩不能只采用量化的方式进行评价，否则其评价结果将会存在很大的片面性。

📖 二、高校体育课程评价体系改革措施

（一）评价内容的多元化

评价内容多元化发展是高校体育课程评价体系改革的必然趋势。高校体育运动自身具有外延广泛、丰富多彩的特点，将多元化的评价内容纳入体育课程评价中，能够提高体育课程评价的科学性与有效性。一方面，高校体育课程评价内容应该打破课堂、空间的限制，主要是因为高校体育教学内容丰富多彩，即存在各种体育比赛，例如，棋牌类比赛、足球比赛、篮球比赛以及运动会等，还存在体育俱乐部、体育社团等，如果将这些内容排除在体育课程评价范围外，仅仅对学生的某一项体育运动项目作为评价内容，势必存在严重的片面性，针

对该种现象，高校应该将上述的内容作为教学评价内容，作为体育成绩评价的标准，更加全面地评价学生的体育成绩；另一方面，高校体育课程评价内容应该打破科目的限制，例如，虽然一些学生体育能力、技巧方面存在不足，但是参与体育活动的积极性高，理解能力与评价能力非常高，这些学生也非常热爱体育运动，高校体育课程作为一项开放式的教学内容，其评价内容也应该具有开放、多元化的特点，不仅仅重视学生的体育能力与技巧，同时也重视学生热爱和了解体育，例如，体育能力较差的学生，通过拍摄体育短片、写作体育评论等，表达自己对体育的热爱。扩大体育评价内容的范围，无论是体育能力、技巧，还是对于体育的见解，都作为体育课程评价的内容与标准。

（二）定性评价与定量评价的结合

高校传统的评价方式为单一的定性评价，影响评价的科学性与全面性。素质教育背景下，体育教学不仅应该增强体质、身体，还应该培养健全的人格，形成良好的心理品质，通过实现定性评价与定量评价的有机结合，对学生的社会能力、动作完成质量、掌握动作数量、运动负荷、锻炼能力、心理素质、思想品德等进行定性与定量评价，能够更加直观地考核每一位学生的成绩以及进步。

（三）评价指标的多样化

高校体育课程评价指标应该包括以下几方面：其一，身体素质。大学生身体素质评价内容不仅应该包括传统的台阶试验，同时根据教育部《全国普通高等学校体育课程教学指导纲要》（2002）指导精神，全面地发展包括和身体健康相关的其他体能，例如，呼吸系统、心血管系统等功能的强弱，综合、全面地反映大学生的身体素质，此外，还应该评价大学生身体素质的努力与进步程度，在学期初、学期中以及学期末分别进行测试，更加全面地评价大学生的身体素质；其二，运动技能。高校体育项目众多，包括体能性项目、对抗性项目、表演性项目等，根据各个项目的特点以及课程要求，为各个项目制定相应的评价标准；其三，体育认知和运动参与能力。体育认知能力测试应该采用体育课程理论测试的方法，考核内容包括保健知识、健康知识、专项知识等，并由教师进行评分；对于运动参与测试，针对学生参与体育课程教学的次数、频率、出勤率、课堂表现等，同时采用运动参与互评与运动参与自评等多种评价方式，保证评价结果的真实性、客观性与全面性；其四，心理健康与社会适应。通过编制《心理健康评价表》《社会健康评价表》进行学生自评，该指标的评价采用等级评价制，即不及格、及格、良好以及优秀。

（四）充分发挥激励在评价中的作用

激励功能是基于对高校体育课程教学、学生学习以及发展变化的深刻认识，如果没有明确评价目标，给出客观、准确的评价，随意地给予激励，这样不仅达不到激励的作用，反而会对学生造成消极的影响，例如，不能让学生更加客观、准确地认识自我。因此，教师应该改变评价内容、评价标准以及评价方式，运用客观、正确的评价结果激励学生，让学生更加客观地认识自身的优缺点，并有目的地进行取长补短，提高学生的自我反省能力。同时，教师还应该创建优等生荣誉表、中等生提高表以及后进生进步表，让所有的学生都能够看到自己的提高与进步，并给予学生一定的物质或者精神奖励，让学生感受到教师对自己的关心与期望，更加主动、努力地参与到体育教学。

第二节 高校体育课程"教"的评价

📖 一、选题

（一）选题的意义

选题是体育课程与教学研究工作的第一步，就是有目的、有步骤地选择体育课程与教学工作中需要解决的理论与实践问题。选题从根本上决定进行科研的总方向和研究方案设计，进而制约研究的全部过程。因为课题集中体现了研究者的理论修养与学术见解，又是贯穿于整个科研过程的中心目标。所选题目不同，研究见解、起点、范围、内容与难度也各不相同，所采用的研究方法也不是一个新颖、可行的课题，可以加速科研成果的获取；课题选择不当，可能在人力、物力、财力、时间上造成浪费，导致事倍功半甚至半途而废。因此，选题是关系到科研成果的效率和科研工作成败的关键。

（二）课题的基本来源

1. 从体育课程编制与实施中提出来的理论与实践问题中选择研究课题

体育教学工作者大量的研究课题来自学校体育课程实施，尤其是现阶段体育健康课程改革实践中直接影响学校体育课程发展与教学改革的关键问题。

2. 从对传统的体育课程与教学理论、观点、方法和结论的质疑中获得研究课题

随着科学的进步与实践的发展，用质疑的眼光去看待已有的理论、观点、

方法，结合新课程实施，可以从中发现它们的错误、矛盾和不足之处，从而提出研究课题。

3. 从学术性文献资料中寻找新课程与教学实施的研究课题

通过查阅有关学术刊物、文献，发现过去在体育课程与教学实施研究中尚未解决或未完全解决的问题，如前人研究时被忽略的问题，以及研究内容、方法、结论上的不足等。

4. 从新兴学科的发展及交叉处获得关于体育课程与教学实施的研究课题

目前，自然科学和社会科学呈现交叉和渗透的趋势，为体育课程与教学科研提供机会，从这里可以找到应该探索的新问题。

5. 从上级教育机关和学术团体所拟订的课题目录中选择课题

这些课题的拟订大都通过对未来体育课程发展及教学改革的预测而确定的，研究者可结合本地区和主客观条件从中选定课题进行探索研究。

6. 向专家或老师请教与讨论中发现体育课程与教学研究的课题

专家和老师对体育课程的发展较为了解，能帮助启发灵感，可以在他们丰富的体育课程与教学研究成果的基础上选择课题。

7. 在新课标实施中为验证某一教学原理或最新成果而获得研究课题

书本中的某一教学原理或近期公布的他人的最新研究成果，这些理论问题是否适合本地实际，必须通过本地的实践验证、验证性研究，同样是很重要的研究。

（三）选题的基本要求

1. 选题要突出实用价值和学术价值

所选课题对现实工作应有指导意义，有实用价值。课题的学术价值主要指理论认识的程度，能给人有所启迪。如果在观点、方法等方面有所突破，或能开辟新的领域，学术价值就高。

2.选题要对主观和客观条件进行可行性分析

选提要对研究活动所需的各种资料、材料、仪器、设备、经费、人力、理论、时间、实验对象等方面有周密的思考和严格的计算，做到扬长避短，选择专业有擅长、人员有优势、物质与时间有保证的课题，避免所选课题难度过大而所不及的放弃。

3.围绕自己的科学研究方向选题

每个人的知识、精力总是有限的，若能确定与自己研究的方向一致的研究课题，由于平时重点在这个范围内收集了信息，完成的可能性就大。

📖 二、提出研究假说

（一）提出问题

提出问题是科研选题的第一步，从上述不同课题来源中，捕捉到需要研究的问题，为选题确定了方向和轮廓。可以说，所有的课题选择都是从发现和提出问题开始的。所以每个研究者在进行选题时，应首先认识到问题的存在，即从自己所熟悉的本职工作或感兴趣的研究领域中，认真观察和寻找有哪些课题可供自己选择，同时从背景调查与能力衡量两方面去探索研究这些课题的可行性。调查背景是指了解这些课题是否已经为前人所研究；衡量能力是指自己对这一课题能否得出新结果与新观点。如果结论是肯定的话，则可从中选出一个或数个最适合自己研究的课题。

（二）查阅文献，形成假说

提出的问题，并不一定是科研课题，还必须经过查阅文献。因为科学研究应在当前发展水平的基础上进行，通过查阅文献，了解前人已经做过哪些研究工作，取得哪些成果，哪些方面需要继续研究。假说的形成，有一个从假设到假说的过程，所谓假设，是研究人员在科学研究过程中，根据事实材料，运用已存的科学原理，充分发挥思维的想象力和创造力，对所研究事物的本质和规律提出的初步设想。假设是科学假说的胚胎，是科学理论形成过程中的起点。科学假设的作用在于使研究范围集中，研究核心明确，研究者可更有效地利用材料。何时假设应以已知的事实和理论为前提，通过推理论证，推测出一个暂时认为正确的结论来，就形成假说，假说不管被证实肯定还是否定，都为科学发展做出了有益的贡献。

（三）确定题目

假定科研构思初步形成，科研施工手段基本确定之后，最后用文字准确、科学地表述出来，形成正式的科研题目，科研题目是研究内容的高度概括和中心所在，力求用精练的文字告诉读者、研究者所研究的问题。一个确切的题目能清晰地表达出研究的对象和要解决的具体任务，或能准确地反映出研究对象与施加因素及预期效果之间的联系，并能从题目上看出属于什么学科范畴。科研题目要力求贴切、明确、精练、醒目、简短，表述上要符合语法规范要求。

（四）课题论证

一般可采用课题报告或征求意见的形式进行。征求主管单位有关领导、专家及同行的意见，听取他们对本课题的价值、可行性和科学性等方面的评价。论证的内容一般是从选题的意义、国内外研究动态、拟定研究途径方法、预测的研究结果等研究内容，依次逐项进行分析与评价。

📖 三、资料收集及整理分析

（一）资料的收集

根据研究课题确定资料的收集范围，运用预先设计好的方法尽可能有效地、客观地、全面地获得研究对象的有关资料。获取研究对象的有关资料的来源主要途径有：文献资料、调查研究资料、实验与专题测量数据资料、课程实施与平时教学实践观察的事实资料等。

（二）资料的整理分析

对获取的资料与事实进行整理与分析，即运用比较、分类、类比、归纳、演绎、分析、综合以及各种数学方法或其他方法对研究中的现象和变化规律做出解释和说明。

📖 四、文献资料研究法

文献资料研究法是指对文献资料进行合理的搜集使用，以获得间接的理论与知识的一种方法。

（一）文献资料的收集

体育文献资料的种类有：与研究课题有关的书籍（教科书、论著、资料性与参考性的工具书）、体育学术期刊、报纸、学位论文、学术会议文献、政府文件等。

正确地查找文献资料可节省时间，提高搜集文献资料的效率。文献资料收集的原则是：在收集前，根据研究课题对所要收集的内容从范围和时间上加以限制；在时间上应由近及远；要注意原始资料（第一次文献）的准确性，不可断章取义；选择适合的检索工具，力争取得对某课题的各种观点，以求全面、新颖和准确。目前，大多数科研管理部门将下列四种数据库作为科研评价的权威检索工具：SCI（科学引文索引）、ISTP（科学技术会议录索引）、EI（工程索引）和 CSCD（中国科学引文数据库）。还有一些检索工具也可作为科研评价的数据源，如 SSCI（社会科学引文索引）、A&HCI（艺术与人文科学引文索引）、新华文摘、人大复印资料、中国社会科学引文索引。

研究者直接依靠所选检索工具查找原始文献的检索方法有：顺查法、例查法、追溯检索法、循环检索法。

顺查法是指采用所选定的检索工具从研究问题发生发展的历史顺序着手，从过去到现在，由远及近，从古至今的逐年逐期检索所需文献线索，直至够所用文献为止，这有利于全面掌握研究课题发展变化的背景资料，查全率高。

例查法与顺查法相反，由研究问题的最新动态，最近时期文献为起点，由近及远，由现在向过去逐年逐期检索所需之文献，这种方法能迅速查到近期的最新文献资料，但要根据研究任务合理确定查找的终点范围。

追溯检索法是利用论文或专著后附注的参考文献目录，追溯查找原著的方法。省时省力，少走弯路，能在短时间内扩大检索范围，获得较多的文献资料，但查全率无保证。

循环检索法是检索工具法与追溯检索法结合起来交替使用的一种综合检索方法，此法查全率高且能提高检索速度。

（二）文献资料的积累

研究者知识丰富的程度和能力的大小与资料的积累有着密切的关系。从事体育课程与教学研究的体育教师应按专业和选定的研究方向坚持长期地、不间断地积累文献资料。

1. 积累文献资料的方法

（1）复印、下载保存全文。根据确定的研究课题把复印、下载的全文整理成册，以便阅读与参考。

（2）写读书笔记。可帮助记忆，积累文献。经常写读书笔记还可以提高分析问题与写作的能力，读书笔记有提纲式、论题式、提要式、引语式和读书心得等。

（3）建立资料卡。文献卡的内容编号、著录（含题目、作者单位、刊物及卷期、版次与页码等），其方法是将编好的号码卡片，按文献内容、发表的时间排列存放以便查找与整理。

2. 累积文献资料的原则

（1）指向原则。要有明确的目的，始终以专业和选定的研究方向为中心。

（2）优选原则。要善于甄别文献的质量，取重点文献中的思想、观点和方法。

（3）权威原则。为使作为选题及其研究思路所依据的概念、理论或方法有较强的权威性或可靠性，一般要选择专业或学科领域中公认的经典理论著作、学术权威或名家的论著，核心期刊或学科领域公认的层次比较高的学术性期刊中的论文等。

（4）时效原则。当今科学技术发展迅速，知识更新加快，要求作者密切跟踪学科发展前沿动态，及时查阅最新文献资料。

（5）全面原则。凡是与研究课题有关的文献，不管什么学科，尽量搜集齐全，并分成系统，以利查核。

（6）价值原则。所搜集到的文献要经得住时间的考验，力求在一定的时间内对自己的研究工作有所裨益。

（7）认真原则。摘抄完文献后，必须与原文献进行核对，特别是引语和数据务必做到正确无误。

（三）文献综述

文献综述是指在搜集与阅读大量文献后，将各种资料进行综合整理后，经综合分析而写成的一种学术论文，是科学文献的一种。文献综述是反映当前某一领域中某分支学科或重要专题的最新进展、学术见解和建议的，往往能反映出有关问题的新动态、新趋势、新水平、新原理和新技术等，其形式包括概要性综述、评论性综述、纵向性综述、横向性综述、多角度综述等。文献综述分为前言、发展历史、现状分析、结论、参考文献等部分，撰写时要力求简洁明确、顺理成章、中心突出，文中论点和数据要有充分的根据。

📖 五、调查法

调查法是指根据课题研究的需要，通过调查表、通信、个别访谈、座谈会和实地测量一些数据等途径，以获得有关研究课题资料的方法。调查法简便可行，能在较短的时间内获得丰富的资料，开阔研究者的视野，有助于研究者直接或间接地接触研究对象，加深研究者对问题的认识。

（一）调查法的类型

社会调查按照不同的标准、依据可以有许多不同的分类，其中最常见的是按照调查的数量与范围大小分类，有普遍调查法、典型调查法、抽样调查法三种。

1. 普遍调查法

普遍调查法是对研究范围内的全部调查单位（研究对象总体的全部个体），

无一遗漏地进行全面考察了解，以获得某一时期该调查单位发展变化的基本特征状态的方法。普遍调查又属全面调查。可以是全国性、地区性或是局部性的，如全国性的人口普查，某市（某地区）残疾青少年普查等。这种方法，对于社会现象在某一时期的特征状态了解具有普遍性、广泛性，但是组织工作复杂、耗资大，涉及面广，个人难以完成。

2. 典型调查法

典型调查法是指从所研究的全部调查对象（个体）中，选择几个有典型意义，有代表性的个体（单位）进行调查、了解情况的方法。典型调查法通过认识个体，了解一般的途径，去达到对客观事物的共同本质或普通特征的了解。该法的优点是调查对象较少，方法灵活，易组织；耗费人力、财力较少；在短期内能获得大量生动具体的资料。其不足是典型选择数据较少，选择具有主观随意性、选择对象代表性不高。故调查的结论难以避免片面性或特殊性。

3. 抽样调查法

抽样调查法是指从研究对象的总体中，随机地抽取个体，总体中每个个体被抽的机会均等，一部分个体（单位）作为样本，对其进行调查了解，以样本的调查结果去推断总体特征的方法。

随机地从总体中抽取一部分个体组成样本。随机抽样的方法有单纯随机抽样、机械抽样、分层抽样、整群抽样四种。单纯随机抽样是将研究对象的全体（总体）中的每一个个体按顺序编号，然后用抽签或"随机数表"随机地抽取个体组成样本的方法；机械抽样是将研究对象总体中的每一个体按顺序编号后按固定的间隔抽取个体组成样本的方法；分层抽样是将总体按某种特征分成若干部分（称为层），然后在每一层内随机抽取个体组成样本的方法；整群抽样是将总体分为若干集体（称为群），然后随机地抽出几个群组成样本的方法。

体育课程与教学领域内的现象很多，构成研究的总体很大，不可能都去搞典型调查，而典型调查又具有某种局限性。因此，从研究总体中抽取一定数量对总体特征具有代表性的样本进行调查研究，既能够缩小调查范围，减少工作的难度，又可以提高调查的准确性、深入性和可靠性。因此，抽样调查是全面调查中较完善、较科学、应用最广泛的一种方法。

（二）调查的具体方法

1.访问调查法

访问调查法是研究者与被访问者之间面对面地接触，通过有目的的谈话，获取研究资料的方法。访问调查法可分为面谈调查法、座谈调查法。

2.问卷调查法

问卷调查法是一种书面式的谈话调查，以卷面形式提出若干固定问题来询问被调查对象，以获取资料的方法。因为调查与被调查者不进行面对面的接触，加之不用署名填卷，故被调查者不受拘束，能较真实地回答问题。问卷调查法还具有省时、省力、省费用、调查面较广的优点。不足的是，总有一部分调查对象不做回答，回收率较低，故应和其他的调查法配合使用。

（1）问卷的结构。一份完整的问卷应包括问卷标题、答案指南（说明部分）和问卷主体（调查问题的项目）三个部分。问卷说明中首先要讲明研究者调查本课题的意义及请求对方帮助与支持；其次解释某些概念，准确说明填答问卷的要求与规格，请求对方填答完问卷寄回的时间等。问卷的主体部分是对调查项目的系统设计，要包括提出问题、回答方式及问题排列的结构。

（2）问卷上问题的种类。根据常规调查问卷提问的形式与回答方式一般分为封闭式与开放式两类。

3.特尔菲法（专家调查法）

特尔菲法是以适当方式通过几轮咨询，请求专家建议，以期最后获得一致意见的方法。

特尔菲法运用范围较广，可以应用于课程标准的设计，例如，经多轮收集不同层面的专家意见和判断，有效地保证课程标准设计的效度。又如，运用特尔菲法对中、小学体育与健康课程中实践教材进行优化与评价；运用特尔菲法对中、小学体育与健康课程实施情况进行实证研究；用来预测研究各种教学手段及其效果等。

📖 六、教学观察法

教学观察法是对教学中的行为进行观察而收集研究资料的方法。当前在教学研究领域人们越来越多地运用观察法和参与研究法（研究者直接参加被试的学习活动以收集研究数据）来进行研究。

（一）教学观察法的特点

1. 主观针对性

教学观察法对所观察的内容要具有高度的选择性，可以最大程度地排除无关刺激物的影响。

2. 客观真实性

教学观察在自然条件下进行，具有客观性和真实性。在教学观察时一般不能干扰观察对象的活动过程。

3. 集体合作性

观察稍微复杂一点的教学时，往往就需要多人的合作。因此，观察往往需用统一的用表，还要进行观察方法的培训，才能保证观察的质量。

现在的观察已经越来越多地借助于仪器设备，如利用照片、录像、录音机和计算机等。这都提高了教学观察的精确性和观察范围。

（二）观察法的类型

教学观察法可以按观察方式分为临场观察法、实验观察法、追踪观察法。

临场观察法是指观察者直接位于对象所处的现场，有人也称之为实地观察法。如在现场观察体育教师采用了哪些有效的教学手段来计算体育课的运动负荷大小等。

实验观察法是指将教学观察与实验相结合，及时观察和测量实验中的某些指标变化和性状特征，进而获得实验的有关结果材料的方法。研究人员为及时获得实验结果，准确描述实验过程，有时单凭肉眼观察与统计还不能准确描述事物，要借助某些专门仪器工具对实验过程的变化进行精确的测量，从而得到有关观察对象的主要特征指标的精确数据，有时也称这种观察法为观察测量。如运动负荷大小引起生理指标变化的观察实验。

追踪观察法是研究者用较长的时间跟踪考察某一事物的发展变化过程，以获得对事物规律性认识的方法。这种追踪观察时间跨度大，涉及内容多，需要长期坚持才能实现，如观察某个大单元教学的过程要素变化就要用追踪观察法。

（三）观察计划的制订

观察计划是运用观察法的步骤、程序与要求事先做出系统周密的设计与安排，也称为观察研究方案，是研究人员进行观察的依据，可保证观察工作顺利进行。观察计划的内容一般包括：确定观察目的与任务；选择观察对象；明确观察指标；确定观察指标的标准与规格；确定和设计观察的步骤、条件与方式；确定观察材料的记录方法。

（四）观察法实施的基本要求

（1）观察应严格按照计划进行，如发现观察计划有不妥之处时，要在能完成观察任务的前提下，进行必要的调整。

（2）灵活选定观察位置，以保证所观察的现象能全部、清楚地落入视野内，不要影响观察对象的正常活动。

（3）善于及时捕捉各个具有研究意义的现象。

（4）要正确判别各现象的重要程度，重点观察与研究主题有密切关系的现象。

（5）对较复杂的观察应进行集体配合，要恰当地进行分工。每个观察点有规定的观察中心，兼顾全面观察。各观察点（组）必须采用统一标准、统一的表格和记录符号。

（五）观察资料的整理

观察后应及时对观察材料进行整理，要全面审核观察记录，剔除可能有错误的材料，对漏记的数据可结合他人观察进行校补，如依据不足时则应坚决去掉，使观察记录完整、清楚、准确，为下一步的定量与定性归纳、分析打下基础，做好准备。

第三节　高校体育课程"学习"的评价

一、新课程体育学习评价的目标

评价不仅要关心学生的学业成绩，而且要发现和发展学生各方面的潜能，了解学生发展中的需求，帮助学生认识自我，建立自信。体育课程学习评价强调要时刻关注学生的发展、培养学生的自尊和自信，淡化学生之间的评比，提倡学生会用课程标准、教育目标和自己的过去进行比较，从而客观地了解自己和正确评价他人，为每一个学生的自主体育学习创造机会和条件。在整个体育学习评价体系中，评价目标起着最基本的导向作用。体育教师在确定体育学习评价目标时应关注以下方面：

第一，了解学生的体育学习和发展情况，以及达到学习目标的程度，为制订下一步教学计划做好准备。这就要求体育教师不仅要了解学生的体能和运动技能的情况，也要了解体育学习活动中的行为表现，包括学生的参与情况，在学习过程中的个人努力程度，进步幅度等，以便为制订下一步教学计划奠定基础。

第二，判断学生在体育学习过程中存在的不足及其原因，以便改进教学。

体育学习评价最重要的目的是改进而不是证明。因此，在实施体育学习评价中了解学生在体育知识、体能、运动技能、学习态度、人际交往和合作精神等方面存在的不足，深入分析原因，力图改进教师的"教"和学生的"学"，使体育学习评价在实现体育学习目标上真正发挥其独特的作用。

第三，发现学生的体育学习潜能，为学生提供展示自己能力、水平、个性的机会，鼓励和促进学生的进步与发展。教学实践表明，通过评价证明学习成功与否会给学生带来截然不同的影响。当证明学习是成功的会带来愉快的学习体验，这种体验会给学生的学习信心、学习兴趣和学习动机带来积极的促进作用；反之会造成一些不良的后果。因此，通过体育学习评价展示学生体育学习特长，并体验成功的乐趣和喜悦，激发潜力，有利于学生进一步学习和发展。

第四，培养与提高学生自我认识、自我教育、自我发展的能力。体育学习评价过程中评价主体角色互换，在学生自评与互评中，可以清楚地看到自己和同学之间在体能、知识与技能、态度与参与、情意与合作等方面的总体认识，深刻认识自己与他人之间的长短处，便于明确努力方向。

📖 二、新课程体育学习评价的内容

学生体育学习评价的内容应与课程目标相一致，尤其要与学习方面的水平目标相一致，这样才能更好地达成促进学生全面发展的目标。过去的体育学习评价内容往往仅仅注重体能和运动技能的评价，新的体育学习评价体系则完善了评价内容。评价内容包括：体能、知识与技能、态度与参与、情意与合作。

评价内容的增加和完善真正体现了面向全体学生的基本理念和教育的公平性。

（一）体能

发展体能既是体育课程重要的学习内容，也是体育课程的重要目标。依据学校体育"健康第一"的指导思想，结合当前我国青少年学生健康状况令人堪忧的局面，课程标准将发展体能作为提高学生身体素质的重要手段，因而，在学生体育学习评价中占有重要位置。课程标准所指的体能的评定与以往体育课中的身体素质与运动能力的考核既有联系，又有明显区别。课程标准强调对与健康有关的体能进行评价，如心肺耐力、柔韧性、肌肉力量、肌肉耐力、身体成分等。体能的评价主要参照《国家学生体质健康标准》以及地方、学校的实际情况而制定相关标准，并充分考虑学生个体的基础与进步的幅度进行成绩评定。

（二）知识与技能

对学生体育与健康知识与技能学习成绩的评定内容主要指：与所学内容相

适应的体育与健康知识、技能评价指标，评价学生掌握体育与健康知识和技能的程度，以及对所学知识和技能的应用能力。课程标准规定了不同学习水平的学习目标和要求，体育教师在教学过程中可根据这些学习目标和要求有针对性地选择相应的体育与健康知识、技能及运用能力进行评价。需要说明的是对体育与健康的知识进行评价时，不太强调单纯的记忆，而要强调对所学知识的理解与运用。

（三）态度与参与

从终身体育的角度来看，体育课程的重要目标就是要树立学生对体育与健康的正确认识，形成积极正确的体育态度，因而，学生对待体育学习与练习的态度应是体育学习成绩评定的重要内容。体育学习态度与参与的评价指标可以从以下方面考虑：能否主动、自觉地参与体育活动；在体育活动过程中能否全身心地投入；能否积极、主动地思考，为达到目标而反复练习；能否认真接受教师的指导意见。

（四）情意与合作

改善学生的情意表现与合作精神是体育与健康课程的重要目标之一。在体育课程学习中，学生的情意表现主要表现为：能否战胜胆怯、自卑心理，充满信心地进行体育与健康活动；能否敢于和善于克服各种主、客观困难与障碍，挑战自我、战胜自我，坚持不懈地进行体育与健康活动；能否善于运用体育活动等手段较好地调控自己的情绪等。学生的合作精神则主要表现为：能否理解与尊重他人，并在体育与健康的学习过程中表现出良好的人际交往能力和合作精神，努力承担在小组学习与练习中的责任，如为小组的取胜全力以赴；能否遵守规则、尊重裁判；能否在学校和社会的体育与健康活动中履行自己的权利和义务，表现出负责任的社会行为等。体育教师可以根据实际，在课堂教学中观察学生在情意表现与合作精神等方面的情况，并进行记录。

📖 三、新课程体育学习评价的方法

传统的体育学习的评价方法比较单调匮乏，一般采用定量评价、终结性评价和绝对性评价。这些评价方法操作简单，然而，这些方法往往是在学习阶段结束或学期末进行的，片面追求学习成绩的客观性而进行的定量评价和绝对性评价，强调评价的甄别功能的同时也弱化了甚至完全失去有效的信息反馈。《基础教育课程改革实施纲要（试行）》强调全面评价学生，因而，新课程体育学习评价在方法上既要注重定性评价，又要重视定量评价；既要注重形成性评价，又要重视终结性评价；既要注重相对性评价，又要重视绝对性评价。

（一）定性评价与定量评价相结合

定性评价是指采用开放的形式收集无法量化的信息并判断其价值的方法；而定量评价则是预先设定评价内容和标准，收集学生在体育学习中可以量化的信息，采用数学方法进行相应推断的方法。20 世纪初，在现代科技飞速发展的社会背景下，课程评价深受现代科技影响，推崇客观化和量化的评价方法。然而对教育而言，量化的评价是把复杂的教育现象加以简化或只评价简单的教育现象，这样往往会丢失教育中最有意义、最根本的内容。

在体育学习评价中，定量评价方法主要起甄别和选拔的作用，比较适合于对学生的体能和运动技能的评价，但不能完全适用于学生体育学习态度、锻炼习惯、意志品质、自信心和自尊心、合作意识等。量化方法如果用于不可量化的内容，其量化的结果显然不可能是科学的，即使是可以量化的内容，由于量化标准的制定及操作过程的不当也可能得出并不客观的评价结果。

体育课程将目标定位于增强学生身体、心理和社会适应的三维健康观，仅采用定量评价方法显然是不能全面反映学生学习达成目标情况的，因而，评价方法应该是多元的，应该制订一种定量与定性相结合的评价方法，衡量学生真实的发展情况。日本教育学者梶田叡一认为："评价方法最理想的是既能立刻地把握住学生的实际学习状况，又能根据把握到的结果做出客观的评价。"定量评价与定性评价相结合主要表现在两方面：一是在对某些可量化的因素进行量化以后，再对那些不能量化的因素进行定性评价；二是对某些因素进行量化后得到的结果进行定性分析。这样就能使定量评价和定性评价有机地结合在一起。从根本上讲，定性评价应该内在地包含定量评价，且定性评价是为了更好地反映出学生体育学习情况，定性评价从本质上并不排斥定量评价，它们在整体上是辩证统一的。在体育学习评价中，要根据不同的情景和评价内容，使定性评价与定量评价相结合。

（二）形成性评价与终结性评价相结合

终结性评价又称结果评价或总结性评价，用于某一阶段学习结束或学期末，对学生达成目标程度进行评价，主要了解学生的整体情况，评定学生的发展水平时也可以判断教学目标是否合适以及教学内容及策略的有效性。而形成性评价又称过程性评价，是在教学过程中为了把握学生学习动态，及时调整教学策略，激励学生学习，进而提高体育学习效果的评价。

（三）相对性评价与绝对性评价相结合

在体育学习评价中，绝对性评价是依据某种需要或要求设定评价标准的评价，把群体中每一个成员的某个指标逐一与评价标准对照，给出绝对分数，从而判断优劣。这种评价的优点是方便评价者参考客观的标准并与自身相对照，以便向目标努力接近，但不能全面分析个体间的体育学习差异。相对性评价则指先建立一个评价基准，然后把各个评价对象逐一与基准相比较来判断优劣的评价。相对性评价（主要是指个体内差异评价）有助于学生看到通过自己努力所取得的进步，建立学习的自信心和自尊心，促进学生体育学习的进步与发展。因此，新课程体育学习评价不仅要求采用绝对性评价，更强调使用相对性评价。

近些年来，国外不少国家在体育课程的学习评价中，致力于相对性评价与绝对性评价相结合的研究和改革，例如，德国编制社会参照标准评定学生体育学习成绩，即"最终得分＝社会参照标准 ±1"，学生如有进步即可加一个等级，反之退步则减一个等级；美国最佳体能教育计划更强调学生个体评价，以学生个人进步为依据进行评价，代替以往相互比较或以统一的标准来衡量的方法；日本对学生体育学习成绩的评定更加注重学生学习态度和行为表现，并强调以学生的实际进步情况为依据进行考评的思想，而不是以统一的标准来要求全体学生。

目前，我国部分地区学校已有采用相对性评价与绝对性评价相结合的方法。在学生入学时，通过诊断性评价建立一套包括体育知识、运动技能、体能在内的学生个人体育学习档案，作为学生入学起点成绩。每学期结束后将终结性评价与起点成绩进行对照，确定学生经过一学期的体育学习的进步幅度（相对成绩＝绝对成绩—起点成绩），使学生清楚看到自己的成绩，体验到成就感。还有部分学校将学生入学成绩均值化处理，作为相对评价的基准成绩，与学期结束后的终结性评价的成绩相比较，得出学生的进步幅度。新体育课程改革要求体育学习评价更加关注学生的进步，促进学生的发展。因此，体育教师完全可以因地制宜地研究有创造性的、合理有效的、可操作性的评价方案。但无论是采取何种评价方法，都应在设计时注意避免烦琐，尽量简便，这样既可有效评价学生成绩，又不过重地增加体育教师工作负担。

📖 四、新课程体育学习评价的主体

教育评价在本质上是价值的判断，而价值是主体与客体之间的深层关系，客体对主体是否有价值从根本上要看客体能否满足主体的需要。因此，教育评价的主体选择变得尤为重要，在实践中显得谨慎且困难重重，在一定程度上决定着评价成败。体育学习评价也是价值判断过程，同样面临着主体选择的问题。传统的体育学习评价主体选择以教师为主，主体较为单一，主要进行外部评价，对学生学习情况掌握不全，评价结果的科学性和准确性有失偏颇。课程标准倡导在对学生的体育学习成绩进行评价时，既要有教师从外部对学生进行的评价（如有条件的话，还可让同学、班主任、家长等人员参与到评价中来），还要有学生从内部对自己的学习情况进行的评价，以及学生互相之间评价，从而使得体育学习评价主体多元化，以发挥多方面评价主体的作用。

（一）学生

最了解学生学习情况的应该是学生本人。为此，根据课程标准的精神，体育学习评价应采取以学生为主体、师生共同参与的评价形式，使学生有权对自己和同伴的体能、知识与技能、学习态度与参与、情意表现与合作精神等方面进行评价。

学生评价主要有学生自我评价与互相评价，即学生对自己情况的自我反思以及学生之间互相评价的体育学习评价。在现代教育评价发展趋势中，学生评价成为重要标志之一。学生参与体育学习评价，既可尊重学生主体地位，又能鼓励学生形成自己的品质和风格，对激发学生体育学习积极性和提高体育学习兴趣具有重要作用。学生在参与体育学习评价过程中，学会自我思考和主动学习，增强主体意识；以学生为主体的评价方式使学生在评价中了解自身体育学习情况，发现不足和存在的差距，明确努力方向；学生的参与减少了体育教师单方面评价的片面性，教师评价、学生自我评价和互相评价的多元评价方式有机结合，保证了体育学习评价结果的公正性。

（二）教师

在体育学习评价中，教师评价主要是由体育教师依据学生的学习目标达成度、行为表现和进步幅度等，结合学生自评与互评情况，对学生的体能、知识与技能、学习态度与参与、情意表现与合作精神等方面进行综合评价。

需要指出的是，强调学生的自我评价和相互评价，并不意味着要否认教师的评价，而是将学生评价和教师评价结合起来，并积极发挥教师在学生自评和互评过程中所起的指导作用。体育教师应在体育学习评价中指导和帮助学生正确地进行自我评价和相互评价，让每个学生都能通过自我评价和相互评价的过程看到自己的进步与不足，并激励自己更加有效地学习。此外，学生对教师评价的接受程度既与心理、态度等状况有关，也与评价过程本身有关。因此，教师作为评价的主体应该注意一些细节，例如，获取基本信息要详细而全面，避免以偏概全；不以居高临下的态度进行评价；评价要以事实为依据，实事求是，避免评价结果夹带个人成见等因素。

（三）其他人员

学生的体育学习需要得到各方面人士的鼓励，体育学习评价除了学生评价和教师评价以外，还要让班主任乃至家长参与到学生体育学习评价中来。班主任是与学生接触最多的教师，除了体育教师之外是最了解学生课外体育活动及大课间等学习情况的教师。体育教师可以吸纳班主任参与到体育学习评价之中，这样能更加真实地评价学生。

　　综上所述，体育学习评价主体的多元化，更能突出评价的反馈与激励作用，关注学生发展的过程，保护学生的自尊与自信，全面有效地评价学生的体育学习情况，促进学生进步与发展。

第七章　高校体育教学改革与发展趋势

第一节　高校体育教学改革的背景

在教育要"面向现代化、面向世界、面向未来"的指导思想的逐步贯彻落实和我国高校教育改革进程的不断深化这样的时代背景下，高校体育的改革一直是教育界备受关注的任务，其人才培养重点已经从"个人教育"到"终身教育"和"素质教育"上。高校体育以个体的关系依赖于终身教育和素质教育对他们产生重要影响，为了顺应时代发展的要求，高校体育教育应以树立和培养学生的终身体育思想与意识进行教学改革，把素质终身教育作为培养学生体育意识与兴趣的宗旨。为提高学生的身体素质，促进学生身心协调全面发展而建立更加科学、合理、可行的符合终身教育和素质教育发展方向的体育教学体系。培养学生自觉锻炼的意识、终身锻炼的习惯，让他们成为具有高层次体育文化修养的、符合未来社会发展要求的综合素质人才。

第二节　高校体育教学改革的目标

📖 一、体育教学以终身健身为指导思想

终身健身思想是一种全新的教育观念，是现代体育教学重要的发展方向，对高校体育教学改革有着深远的影响。在当前的体育教学中，教师应充分认识到学校体育在教育中的作用，在培养德、智、体全面发展人才的素质教育过程中，强调健康第一，全面推进素质教育，克服以升学为目标的应试教育体系的历史局限和负面影响，重视学生身体素质的提高和体育能力的培养。体育教学改革要立足现实，着眼未来，要重视以终身健身思想为指导，增强学生的终身锻炼意识，使之不光在学生时代，在进入社会后都具有健身意识，在任何时候和任何情况下，都能自觉、独立自主地坚持身体锻炼，视健身活动为生活中不可缺少的一部分。此外，体育教学改革还应以增强学生体质为出发点，将传授健身知识、技能与科学锻炼身体的原则、方法有机地结合起来，使学生树立终身健身的体育观。

📖 二、体育改革向符合现代学生的特点与需求方向发展

近几年来，随着《全国普通高等学校体育课程教学指导纲要》的颁布实施，高校体育改革在教学目标、教学内容和教学组织形式上都取得了一定成就，很大程度上满足了学生多样化的体育需求，培养了学生的体育兴趣，活跃了学习气氛。大学生的身心发展日趋成熟，世界观、价值观正在逐步确立，并且已经

掌握了一定的社会规范，有着较强烈的独立意识，具有较高智力发展水平，在教育过程中具有较强的主动性。实践表明，当前高校学生对体育的需求，主要体现在以下几方面：

（一）对体育知识的需求

随着素质教育的全面推行，社会文明程度的提高，现代大学生的体育意识也逐步增强，他们不但要掌握体育的基本技术和基本技能，而且还要掌握一定的体育知识，他们需要用这些体育知识武装自己的头脑，以便为"终身体育"打下坚实的基础。

（二）对健身的需要

社会各领域的竞争加剧，工作、学习、生活的节奏加快，人们心理承受的压力加大，出现了现代文明病、职业病等现象，这使大学生们开始认识到健身不仅是自己在学习期间的需要和毕业后择业的需要，而且是提高终身生活质量的需要。与此同时，随着"健康第一""终身健身"教育指导思想的贯彻，大学生的健身意识也有所提高。

（三）对健美的追求

随着大学生体育意识的增强，健美锻炼已逐渐成为现代大学生喜爱的一种健身方式。过去，学校体育教学，以传授体育的"三基"为中心，旨在增强学生体质，几乎不向学生传授任何有关健美的知识和技能。改革开放以来，物质文明和精神文明水平大大提高，在校学生的体育观念也发生了较大变化，健美锻炼在大学校园逐渐成为一种时尚。健美操、韵律操、形体训练以及各种肌体练习，受到广大学生的欢迎。

（四）对娱乐的渴望

娱乐性原本就是体育的本质属性之一。大学生参加各种体育活动，不仅是为了锻炼身体，而且也是为了愉悦身心、陶冶情操。因此，培养学生的体育兴趣，让学生在体育运动中寻找乐趣，满足大学生身心发展的需要，已成为学校体育教育的主要目标之一。

（五）对终身体育和竞技体育的追求

受终身体育思想的影响，大学生在追求体育锻炼的健康效益时，也开始重视培养自己的体育兴趣和特长，学习和掌握一些运动知识和运动技能，以适应将来工作、学习、生活和终身体育的需要。竞技体育则具有鲜明的娱乐性、竞争性和人文性，其表现出来的竞争意识、群体意识、协作精神、拼搏精神、自控能力、抗挫能力以及沉着果断与坚忍不拔的顽强品质等，正是大学生身心健康发展所必需的。

三、改革教学内容和方法，实现应试教育到素质教育的转变

体育课程教学内容的选择，应是大家喜欢的、有利于全体同学参与的、适合群体性锻炼的体育项目。但是受应试教育影响，传统的高校体育教学内容，多以传授运动技术为主，教学内容脱离实际，缺乏娱乐性、基础性和时代性。学生对体育学习的感触或枯燥无味，或望而生畏。对此，高校体育有必要调整教学内容，根据各校的具体情况，重新建构教学体系。

（一）丰富教学内容，使其具有多样性与可接受性

体育教学内容的更新应根据社会的需要、学生的需求和基础、学校的教学条件等，选择有利于增强体育意识和培养体育能力的内容。一方面，教学内容要具有可接受性，既不能过难，也不能过易；另一方面，教学内容要全面、多样，突出健身性、娱乐性、终身性、全民性、实用性和主动性的特点，以满足个体和社会的发展需要。

（二）注重体育知识和健身方法的传授

高校的体育教学，应加强健美体育与娱乐体育的教学，这些将与健康体育一起，成为高校体育的三大支柱，同时，在"健康第一"思想的指导下，还应加强健身方法的传授，为学生的终身体育打下基础。

（三）体育项目简单化和运动项目综合化

随着高校体育教学目标和任务的改变以及现代大学体育教学需求的变化，高校体育的教学内容，应把一些难度较大、技术比较复杂的体育项目简化，可以把几个体育项目综合成一个项目来进行教学。

（四）保持或更新原有的竞技体育内容

在继续加强传统的篮球、排球、足球、田径等竞技体育项目教学的同时，将乒乓球、游泳、羽毛球、网球、武术、健美运动、体育舞蹈等竞技体育项目，充实到高校体育教学中。这样既能为国家培养高质量的体育专门人才，又满足了大学生对竞技体育的需求。

📖 四、调整体育专业设置和课程设置，加强对终身体育能力的培养

随着我国社会经济改革的不断深入，体育也在不断改革和发展，社会对体育人才的需求也在发生巨大变化。长期以来，我国体育专业教育都是以体育教育和运动训练为主体。这样的专业分布已经不能满足市场经济对体育人才的需求。因此，有必要调整高校的体育专业设置和课程设置。在专业设置方面，要加强体育经营管理和社会体育专业的建设，加强基础学科和实用学科的建设，以拓宽学生知识面并提高能力；在课程设置方面，要扩大选修课的比例，调动学生的积极性和主动性，充分挖掘潜能，使学生能够结合自己的兴趣和未来的志向进行自主学习，这对发掘学生的潜力，实现终身体育都有重要意义。

健康体育应伴随人的一生，终身体育作为一种现代体育思想，它不仅对高等学校体育教学的作用、目的产生深刻的影响，也将对学校体育课程产生深刻影响。我们只有认真研究与探讨终身体育教育观下高等学校体育教学的发展方向，才能使学生对高等学校体育教学，在认识层次上得到提高，并最终成为自我锻炼的指导者和终身体育锻炼的受益者。高等学校体育教学，是学生在校期间进行体育学习的最后一站，也是学生体育的最高层次，在终身体育中起了承前启后的"桥梁"作用。这就要求高等学校的体育教学，在培养学生的体育兴趣和良好的体育锻炼习惯的同时，加强对学生体育能力的培养，使学生在校期间掌握一定的体育理论知识与一定的体育锻炼技能、技术，为他们从学校毕业走向社会后几十年的工作期间，仍能坚持自觉地进行体育锻炼，直到贯穿其生命的全过程打下良好的基础。此外，高等学校体育教学，还要努力提高学生对身体健康的认识，掌握有关身体健康的知识和科学的健身方法，提高自我保健

意识，养成健康的行为习惯和生活方式，为终身体育奠定基础。

总而言之，体育教学应根据学生身心发展的客观规律，合理选择和安排教学内容，使体育教学体现出知识性、科学性、健身性、娱乐性、基础性和时代性，提高学生的体育意识，满足学生不同的体育需求，让学生通过学习，掌握体育锻炼的基本技能和基本知识，培养终身锻炼的习惯以及良好的个性品德，促进身心健康，进一步打好终身体育的基础，以适应未来社会生活的需要。

第三节 高校体育教学改革中的问题与对策

一、传统的体育学习评价目的的理论与实践相背离，带有浓重的功利性

体育学习评价的目的不是给学生"贴标签"，而是通过考核评定，激发和调动学生的积极性，及时掌握学生的体育学习动态，有计划、有步骤、有针对性地帮助学生达成目标，促进学生身体、心理全面健康发展，更好地完成育人的目标。从课程评价的理论来说，体育学习评价的目的是了解学生的学习情况，使学生认识到自己的进步情况和需要改进的地方，在此基础上进一步提高我国传统的体育学习评价的目的，不过，值得注意的是，在体育学习评价实施的过程中理论与实践相背离。在学校体育实践工作中，更多地存在为评价而评价，为评价而教的现象，把体育学习评价当作体育教学的目标对待，从而导致了体育教师的"教"和学生的"学"紧紧围绕着"考什么"而施行的奇怪现象。此外，传统的体育学习评价的目的带有浓重的功利性，传统的体育教育是精英教育，

在培养学生过程中深受竞技思想的影响，以培养运动员的模式评价普通学生的体育学习状况。体育学习评价突出甄别和选拔功能，必然挫伤大多数学生的体育学习积极性和自信心。

二、传统的体育学习评价内容单一

我国传统的体育学习评价在内容选择上受"学科中心"和"竞技运动"观念的影响，被人为地窄化，评价内容不全难以体现体育学习评价目标达成的整体性要求。长期以来，我国体育学习评价的主要内容局限于身体素质、体能和运动技能，忽视了学生的学习态度、情意表现和合作精神等心理内隐因素以及社会性发展这类非体力因素的评价，而这些隐性因素深刻地影响着学生终身体育意识和运动习惯的养成。此外，片面的评价内容难以体现教育的公平、公正，不利于学生体育学习。学生个体间无论是身体还是心理存在差异，部分学生不怎么努力，运动技能和体能都能较轻松达到优秀，而部分"天分"较差的学生虽十分努力，成绩仍然达不到优秀，从而严重挫伤了这部分学生的自信心和自尊心，削弱了他们体育学习的积极性，甚至使他们远离体育活动。

三、传统的体育学习评价方法单一

我国体育学习评价理论研究起步晚、时间短，实践活动缺乏科学的指导，传统的体育学习评价在方法上过于单一，主要采用终结性评价、定量评价、绝对性评价。终结性评价与课程教学同步结束，只有体育学习结果的终结显示，未能对学习过程给予及时的反馈，不能发挥评价的激励作用，无助于学生改进学习。定量评价是以指标量化为手段的评价方法，无可否认定量评价在一定的领域是值得肯定的，但并不意味着适用于所有的领域。定量评价在体育学习评价中起着鉴定和甄别的作用，但仅以简单的分数和测试成绩判定学生的学习状况是不够的，不能很好地提供有效的反馈和改进信息，学生在学习过程中的努力程度、获得的进步幅度等问题无法简单地依靠定量的分数来解决。定量评价一般只适合于可量化的体能和运动技能方面的评价，而对于不可量化的体育学习态度、情意表现、合作精神、意志品质等方面，用定量方法是无法做出有效判断的，即使做出了量化的评价，结果也是不准确的。因此，如果仅采用定量评价是不能全面、真实反映学生的体育学习和体育活动情况的。每个学生都是独立的个体，是活生生的人，起点不同，存在很大差异，机械的、僵化的评价方法只看分数而不看"人"，这种人的物化的做法难以发挥评价的激励功能，因而也不可能达成促进不同层次学生全面健康发展的目标。

📖 四、传统的体育学习评价标准单一

传统的体育学习评价标准是全国统一颁布实施的。特定时期内，这种统一规范的评价标准对增强学生体质、养成良好的体育锻炼习惯、促进学校体育工作开展至关重要。然而，随着时代的进步和思想观念的更新，在实践中出现一些理解和操作上的偏差，影响了体育学习评价的有效实施。评价标准的制定单一也是值得质疑的，我国传统的评价标准多由少数权威课程专家组根据我国各地收集的资料整理分析，结合体育课程发展要求制定，而基层一线体育教师、学生以及家长没有参与的权利。这种统一的标准难免有失偏颇，对学生身心各方面的个体差异未给予充分考虑，忽视了学生的努力程度和进步幅度，甚至漠视学生丰富多彩的个性特长、体育学习的类型、体育学习的策略和生活背景等，因而部分学生被排斥在评价标准之外，导致了教育的不公平，一定程度上限制了学生的全面发展，也挫伤了学生的自尊心和体育学习的积极性。

📖 五、传统的体育学习评价主体单一

传统的体育学习评价教师拥有着绝对的权利对学生进行外部评价，甚至是唯一的评价主体，而学生基本无权利参与评价过程。体育学习是一个复杂的动态过程，除了外显的学习结果外还有伴随的心理变化，因而不仅需要来自体育教师的评价，还有自己、同伴，甚至是家长等多方参与的交互评价，这样的评价才有全面性、客观性和科学性。评价主体的单一性，不仅难以培养学生自我调控、自我完善、自我修正的能力，而且也难以培养学生正确对待他人、客观评价自己和管理自我行为的能力，影响了评价的反思总结功能，学生对自己的学习情况缺少主体性的认识，对自己学习中存在的问题与所取得的进步缺乏正确认识，既不能调动学生的积极性，又不利于学生终身体育习惯与能力的培养。

📖 六、传统的体育学习评价工具匮乏

教育评价工具的选择是围绕着教育目标进行的，传统的体育学习评价工具陈旧落后、捉襟见肘，多是使用简单的纸笔和体育测试器材，如秒表、皮尺等，创新的信息评价工具如电脑软件研发等，由于技术壁垒、资金的限制远滞后于教学实践。单调的评价工具无法记录和真实再现学生在整个课程学习过程中的实际情况，学生发展的进步状况被摒弃于评价的视野之外，因此，匮乏的评价工具必然导致对学生的评价结果有失真实性和科学性，无助于反馈信息改进教学和提高学生体育学习。

📖 七、体育测试和达标与体育学习评价混淆

考试与测验是体育学习评价的重要内容，也是学习评价的重要形式。长期

以来，我国的评价意识与手段始终停留在考试与测验上，很少考虑到评价手段的多样性、评价功能的全面性，通常把评价当作考试与测验的同义词。一般认为，考试和测验结果可以比较清楚、直观地反映学生的学习情况和教师的教学情况，学校可以根据考试和测验结果对学生和教师采取相应的管理措施。

📖 八、没有正确认识和充分发挥体育学习评价的多种功能

体育学习评价具有鉴定与选拔、检查与监控、反馈与交流、导向与激励等功能。而传统的体育教学中，体育教师过于强调终结性评价和定量评价，主要突出体育学习评价的鉴定与选拔功能，认为体育学习评价对学生今后参与体育活动的兴趣没有太大影响，因而不会在教学中想方设法运用各种评价手段来提高学生的体育学习兴趣，极少将评价结果反馈给学生，与学生交流并帮助他们改进学习方法，同样也不会根据评价结果来改进自己的教学方法，以至于最终还是未能通过体育学习评价来有效提高学生的体育学习积极性和教师的体育教学质量。

综上所述，只关注体育学习评价的鉴定与选拔功能，忽视体育学习评价的反馈与激励功能，不利于激发运动天赋较差但学习很努力的学生的体育学习积极性；只重视学生体能和运动技能，忽视学生的情感、态度和价值观的做法，可能会导致体育课成为一些考核项目的练习课；只注重结果的、定量的、绝对分数的评价可能也会因其过于注重科学性与操作的简便易行，无法给学生提供可靠有用的评价信息；只强调教师评价，而缺少其他主体参与的评价也会由于体育教师难以全面掌握学生的体育学习情况，造成评价结果带有很大的局限性。传统的体育学习评价未能使体育教师正确认识和理解其多种功能，因而可

能会导致具体实施上出现偏差，抑制了体育学习评价积极作用的有效发挥。

第四节　高校体育教学发展趋势

一、未来社会体育的发展特点

（一）国际化

在国际奥林匹克运动的推动下，竞技体育的国际规模日益扩大。在竞技体育国际化的过程中，运动成绩大幅度提高，国际竞赛竞争加剧，实力水平发展不平衡，导致国际体育学术交流日益加强，国际体育学术活动日趋频繁。一些主要学科，如运动医学、运动生理学、运动生物化学、运动心理学、运动生物力学、体育哲学、体育史学、体育社会学、体育教育学、体育情报学和比较体育学等均有国际组织。一方面，体育国际化表现为大众体育的国际化。随着世界新技术革命的发展，在经济发达国家，大众体育已成为国际潮流，与竞技体育的发展有并驾齐驱之势，国际上已成立大众体育组织和残疾人体育组织机构。另一方面，体育全球化成为主流。

（二）社会化

未来体育是一种社会现象。体育是社会发展的产物，又对社会发展起到积极的促进作用。体育的社会功能已大大超出增强人民体质的范围，成为改善生活方式和提高生活质量的不可缺少的因素，体育活动在现代社会已越来越成为人们生活所必需。日常健身必不可少的运动场，作为社会的缩影，成为人们社交的场所。形形色色的人聚集在这里，除健身强体外，青少年从中培养社会所需要的平等参与意识、公平竞争意识和创新意识；成年人则为共同利益或兴趣，在运动中结交朋友、融洽关系、商谈业务、显示社会地位；老年人健身防病、消除孤独、激发活力、颐养天年。

（三）科学化

体育科学化是未来体育现代化的重要标志。未来体育必然在一切领域广泛采用科学技术的理论与方法，其中包括体育的决策、管理、教学、训练和科研。体育管理的科学化主要体现在领导决策方法的科学化和运用现代科学理论方法制定政策，进行体育各项工作的管理。体育教学的科学化在于教学思想的科学化。在群众性体育锻炼方面，现代科学技术提供了良好的条件。在发达国家普遍采用"运动处方"来指导群众体育锻炼。现代科学技术在运动训练中的应用最为广泛，可以认为，在当今竞技水平已经很高的情况下，运动场上的竞争实质上是科学技术的竞争。未来社会公民的整体素质大幅度提高，对于体育学科的认识，对于动作技能的掌握，更加科学化、系统化。人们树立了终身体育的观点，能主动吸收各种信息，模仿、创造学习动作技能，自觉确定运动目标与运动体育的方案，寻求各种形式的体育锻炼。

（四）素质化

高校体育教育将由强调"健身"转为"全面育人"。学校体育是现代化体育的基础，学校体育是培养学生德、智、体、美、劳全面发展的一项重要内容，它的主要任务是增强学生体质，促进生长发育，培养坚强意志和进取精神，为造就一代新人打好物质基础；同时为终身从事体育锻炼创造前提和培养兴趣。

📖 二、未来社会体育战略思想及发展趋势

　　未来体育的整体战略思想是：以身心和谐为前提、终身体育为方向、快乐体育为主体，进行健康教育，从而达到人的全面发展的目的。按照这个要求，未来体育的发展呈现如下六大趋势：国际间竞争更加激烈；体育的社会功能增强；体育向身心和谐方向发展；健心健脑的新型运动项目出现；体育的形式多样化；主动模仿、主动学习成为未来体育学习的重要方式。例如，未来社会的快节奏、高时效、高技术密集型的生活方式，使人们心理紧张加剧，体力耗能降低，体脑倒置。为弥补这种偏差，缓解脑力紧张，"体育向身心和谐方向发展"成为体育活动的主流。人们不仅要求体育活动能锻炼肌肉，更希望其能训练心脏，增强心力，消除心脑紧张。因此，体育的趣味性增加，体育的艺术性提高，快乐体育成为主流，人们可以从身体活动中得到美感，享受身体的愉悦；体育的自然性增强，出于对人与自然和谐的需要，人们渴望回归自然，返璞归真。古老的、随意的、简单的户外活动如爬山、林间漫步等形式更加受到人们的喜爱；同时体育的冒险性加大，在大自然中尽情展示自己，既享受自然的旖旎风光，又体验战胜自然的快感，在大自然中炼就机体、陶冶性情，新型的运动项目不断出现，如江河漂流、攀岩等。

📖 三、高校体育教育发展趋势及建议

　　我国高校体育随着经济建设的步伐，已经发生了历史性的变化，取得了显著的成就。目前，在大力推行全民健身运动和提高学生体育综合素质的要求下，高校体育发展有以下趋势：①高校体育教育目标向多元化、科学化方向发展，终身体育是目标的最大归宿。教学大纲的科学化水平有了明显提高。素质教育

成为教育的主旋律。社会主义市场经济的发展和素质教育的全面实施，对高校体育产生了深远的影响，同时提出了新的要求。高校体育教学思想的研究，主要围绕培养体育能力、体质教育、整体效益、快乐体育、终身体育、成功体育等几种思想观点进行探讨。体育教学目标体系的开发研究，认为体育教学目标应向多元化、多目标方向发展；②高校体育课程结构更为合理、科学，向课内外的一体化、整体结构化方向发展。高校体育追求阶段效益和长远效益相结合，促进身心协调全面发展，强调提高学生综合素质；③高校体育管理向科学化、规范化、现代化发展。教学内容呈现多样化、娱乐化及健身性、兴趣性与文化性等特点。各种体育教学模式、方法、手段被广泛采用。如"发现学习""程序教学""掌握学习"等多种教学模式引进体育教学领域，打破了以往主要以特殊认识过程为主的单一教学模式及三段式常规结构，深化了人们对体育教学活动的多种认识；④高校体育科研将有理论上的重大突破，并带动指导实践的进步，突破口将以体育教学领域为焦点，以体育教学模式、课程改革等为内容。高校体育是一个具有多功能、多层次的开放系统；在继续强调增强学生体质的同时，开始重视为终身体育打基础，为竞技体育培养人才，为培养个性全面发展的社会主义建设者服务；⑤高校体育教学改革呈现新趋势。体育教学思想提出以育人为最高目标，以知识技能为主导，培养能力为重点，身心发展相协调，终身体育为方向。体育教材内容向竞技、娱乐、健身等方向转变，并重视发挥高校体育的文化价值作用。体育教学方法、手段的实验改革取得了积极成果，重视教师的"导法"和学生"学法"的结合，关注整体化教学方法手段。体育教学评价的突起并逐步规范化。体育师资队伍建设进一步加强，教师质量有明显提高。全民健身活动的开展促进了高校体育教育与终身体育的接轨，并对体育教学产生了全面积极的影响。未来社会体育的发展，对高校体育教育提出了挑战。以学生身心和谐为前提、终身体育为方向、快乐体育为主体，进行学生人格的健康教育，达到全面发展的目的。

因此，发展高校体育的具体措施是：①适应形势，培养学生未来社会意识。面对国际化的社会形势，学校体育必须与时俱进，通过学校体育培养学生的平等参与意识、公平竞争意识、创新应变意识，培养竞争能力与拼搏精神及应变能力与创造能力；②实施并加强系统体育学习。培养学生运动兴趣、形成运动习惯，学习人体基础知识，普修各项体育运动，学习体育基本的实用知识，掌握基本技能，着力培养相关的体育素质，树立终身体育的观点。并逐步系统学习体育知识，注重体育的基本技巧，初步掌握"怎样进行健康（体力、心理）诊断；怎样制定"运动处方"；"怎样实施身体锻炼"的基本技能。组织学生体育小团体，培养共同兴趣；③顺应科技潮流，加强高校体育的科研工作。

在信息技术日益发展的今天，掌握信息科学方法及信息科学思想观念，提高运动学习指导的能力，是强化学生现代体育教育观念的基础。一方面，充分利用现代技术、手段，加强在职体育教师的继续教育。另一方面，高校应该把学生身心问题研究、体育与心脑功能的研究、未来技术手段与体育教学的研究，作为高校体育科研的重要方向，提高学生整体素质。

参考文献

[1] 贡娟，李晓红 . 试论构建高校体育教学创新体系 [J]. 体育科学，2000，20（3）：22-24.

[2] 汪正毅，陈丽珠，金宗强 .21 世纪我国高校体育教学改革方向研究 [J]. 北京体育大学学报，2002，25（2）：225-227.

[3] 刘志敏 . 对我国普通高校体育教学俱乐部的比较研究 [J]. 北京体育大学学报，2001，24（4）：505-507.

[4] 张继生，杨麟 . 高校体育教学评价的现状及改进方法 [J]. 武汉体育学院学报，2009，40（7）：80-81.

[5] 甄子会 . 影响我国高校体育教学发展的因素及对策分析 [J]. 体育与科学，2010，31（1）：109-112.

[6] 周云飞 . 高校体育教学推行俱乐部模式的思考 [J]. 上海体育学院学报，2004，28（3）：92-94.

[7] 程杰 . 我国高校体育教学现状及改革设想 [J]. 上海体育学院学报，1999（3）：79-82.

[8] 雷继红，贾进社 . 我国高校体育教学模式现状及其发展趋势 [J]. 西安体育学院学报，2006，23（3）：109-111.

[9] 许方龙，宾洲 . 高校体育教学中开展野外生存教育的可行性 [J]. 上海体育学院学报，2003，27（5）：95-96.

[10] 许砚田，毛坤，邢庆和.高校体育教学模式的探讨 [J].北京体育大学学报，2001，24（4）：508-510.

[11] 谢静月.普通高校体育教学模式的现状及对策分析 [J].成都体育学院学报，2007，33（4）：107-109.

[12] 陈小蓉.普通高校体育教学改革的理论思考 [J].体育学刊，1995（4）：41-43.

[13] 马金凤.我国高校体育教学改革探讨 [J].山东体育学院学报，2014，30（2）：105-109.